I0562383

ŒUVRES

DE

SAINT-SIMON & D'ENFANTIN

PRÉCÉDÉES DE DEUX NOTICES HISTORIQUES

XXXVIII⁰ VOLUME

ŒUVRES

DE

SAINT-SIMON

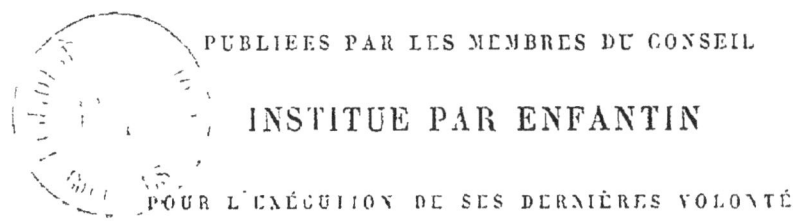

PUBLIÉES PAR LES MEMBRES DU CONSEIL

INSTITUÉ PAR ENFANTIN

POUR L'EXÉCUTION DE SES DERNIÈRES VOLONTÉS

NEUVIÈME VOLUME

PARIS

E. DENTU, ÉDITEUR

LIBRAIRE DE LA SOCIÉTÉ DES GENS DE LETTRE

PALAIS-ROYAL, 17 ET 19, GALERIE D'ORLÉANS

1875

Tous droits reservés

PRÉFACE

Le troisième cahier du *Catéchisme des industriels* fut imprimé primitivement en avril 1822,
sous le titre de : *Prospectus des travaux nécessaires pour organiser la Société*. Il était
précédé d'une lettre de Saint-Simon *à MM. les
chefs de culture, de fabrication et de commerce*, dans laquelle le philosophe disait aux
industriels, pour les éclairer sur le but et l'opportunité de cette publication :

« La nécessité d'employer les savants pour
préparer la réorganisation sociale ne doit nullement vous étonner, puisque jamais vous ne
faites une entreprise industrielle de quelque

importance sans leur intervention et celle des artistes . . . . .

« Prenez la peine d'examiner ce qui s'est passé dans le dix-huitième siècle, et vous reconnaîtrez que la destruction des privilèges a été surtout déterminée par l'*Encyclopédie*, travail auquel les savants et les artistes les plus distingués ont concouru. Or, il serait par trop extraordinaire que leurs efforts eussent été nécessaires pour désorganiser la Société et que la Société pût être réorganisée sans qu'ils devinsent auxiliaires de cette entreprise.

« Pour les déterminer à employer leurs forces et leurs talents dans cette direction, il était nécessaire que mon système leur fût présenté sous la forme scientifique. Un de mes collaborateurs et amis s'est chargé de cette importante opération. Voici son travail qui correspond au discours préliminaire de l'*Encyclopédie* par d'Alembert. »

Ce travail et la lettre de Saint-Simon ne furent tirés alors qu'à un très-petit nombre d'exemplaires, qui furent considérés et marqués comme de simples *épreuves*. Mais deux ans après (en avril 1824), le plan des travaux de réorganisation sociale, rédigé par le disciple de Saint-

Simon, fut publié sous ce double titre : *Troisième cahier du Catéchisme des industriels* (en première page), et *Système de politique positive*, par AUGUSTE COMTE (en seconde).

Saint-Simon plaça en tête de l'ouvrage quelques observations dans lesquelles il signalait comme une lacune regrettable le silence gardé par son disciple sur l'élément sentimental et religieux des sociétés humaines. Mais cet avertissement ne faisait que rendre plus significative et plus remarquable cette déclaration qui le terminait :

« Au surplus, malgré les imperfections que nous trouvons au travail de M. Comte, par la raison qu'il n'a rempli que la moitié de nos vues, nous déclarons formellement qu'il nous paraît *le meilleur écrit qui ait jamais été publié sur la politique générale.* »

L'impression produite en France et en Europe, dans le monde des penseurs, par cette œuvre capitale d'Auguste Comte, justifia les derniers mots du jugement porté par son maître. Le criticisme philosophique du xviiie siècle, après avoir détrôné en France la politique théologique et féodale et tenté en vain de la remplacer par la politique métaphysique sous des formes diversement imaginées: monarchie constitutionnelle, répu-

blique, comité de salut public, directoire, con-
sulat, empire; le criticisme révolutionnaire avait
été détrôné à son tour sous sa forme impériale
par le vieux dogmatisme européen, devenu
maître de la France par les armes. Cette restau-
ration de la politique théologique, œuvre de la
force et de l'imagination combinées, n'avait
fait que replacer la France sous la menace de
nouvelles révolutions.

L'élève de Saint-Simon pensait, comme son
maître, que pour conjurer de nouveaux orages,
il fallait recourir à un principe politique tout
autre que ceux invoqués par les deux partis qui
se disputaient le pouvoir depuis 1789. « Il n'y a
jamais eu, disait Auguste Comte, de révolution
morale à la fois plus inévitable, plus mûre et plus
urgente que celle qui doit maintenant élever la
politique au rang des sciences d'observation entre
les mains des savants européens combinés. Cette
révolution peut seule faire intervenir, dans la
grande crise actuelle, une force vraiment prépondérante, seule capable de régler et de préserver la société des explosions terribles et anarchiques dont elle est menacée, en la plaçant dans
la véritable route du système social perfectionné
que réclame impérieusement l'état de ses lumières.

« Pour mettre en activité le plus promptement possible les forces scientifiques destinées à remplir cette salutaire mission, il fallait présenter le prospectus général des travaux théoriques à exécuter pour réorganiser la société, en élevant la politique au rang des sciences d'observation. Nous avons osé concevoir ce plan et nous le proposons solennellement aux savants de l'Europe. »

Mais, à ce moment, ce n'étaient pas les savants qui étaient en mesure de se préoccuper efficacement des destinées de l'Europe, et d'élever la politique au rang des sciences d'observation pour préserver les États des explosions terribles et anarchiques. L'avenir des nations européennes était alors l'objet des sollicitudes royales et des méditations diplomatiques dans des congrès qui se multipliaient en vain pour rendre son ancienne puissance à la politique *théologique* et la mettre à l'abri des explosions dont elle était incessamment menacée par la politique *métaphysique* (1). La Sainte Alliance était alors en

---

1. « L'état théologique et l'état métaphysique d'une science quelconque, dit Aug. Comte, ont pour caractère commun la prédominance de l'imagination sur l'observation. La seule différence qui existe entre eux, sous ce point de vue, c'est

pleine activité, et ses agissements solennels au profit d'un passé dont la renaissance était impossible, ne trompaient pas même les hautes et rares intelligences du parti rétrograde, sur la vanité de ces fastueux complots contre la marche de la civilisation, contre la force des choses. « L'Europe, disait M. de Bonald, attend quelque chose ou quelqu'un... Les rois ont été pesés dans la balance et ils ont été trouvés trop légers. »

Les congrès, pour l'illustre penseur catholique, n'étaient que des festins de Balthazar.

C'est en face de ces vaines et fastueuses tentatives de rétrogradation par les potentats en qui se personnifiait le passé théologique et féodal, qu'Auguste Comte posait les conditions d'existence, de force et de durée, pour le gouvernement des peuples.» Toute action politique, disait-il, est suivie d'un effet durable quand elle s'exerce dans le même sens que la force de la civilisation, lorsqu'elle se propose d'opérer des changements que cette force commande actuel-

que l'imagination s'exerce, dans le premier, sur des êtres surnaturels, et, dans le second, sur des abstractions personnifiées.

lement. L'action est nulle, ou, du moins, éphémère, dans toute autre hypothèse.

« Le cas le plus vicieux est, sans contredit, celui où le législateur, soit temporel, soit spirituel, agit, à dessein ou non, dans un sens rétrograde : car il se constitue alors en opposition avec ce qui seul peut faire sa force.

« . . . . . Aujourd'hui trois systèmes différents co-existent dans le sein de la société : le système théologique et féodal, le système scientifique et industriel, enfin le système transitoire et bâtard des métaphysiciens et des légistes. Il est absolument au-dessus des forces de l'esprit humain d'établir, au milieu d'une telle confusion, une analyse claire et exacte, une statistique réelle et précise du corps social, sans être éclairé par le flambeau du passé. On pourrait aisément démontrer que d'excellents esprits, faits par leurs capacités pour s'élever à une politique vraiment positive, si leurs facultés eussent été mieux dirigées, sont restés plongés dans la métaphysique pour avoir considéré isolément l'état présent des choses, ou même seulement pour n'avoir pas remonté assez haut dans la série des observations.

« Ainsi l'étude, et l'étude aussi approfondie,

aussi complète que possible de tous les états par lesquels la civilisation a passé depuis son origine jusqu'à présent ; leur coordination, leur enchaînement successif, leur composition en faits généraux propres à devenir des principes, en mettant en évidence les lois naturelles du développement de la civilisation ; le tableau philosophique de l'avenir social, tel qu'il dérive du passé, etc., pour faciliter la transition définitive vers le nouvel état social, tel est l'ensemble des travaux propres à établir pour la politique une théorie positive qui puisse répondre aux besoins immenses et urgents de la société. »

Pour compléter les travaux qui devaient donner un caractère positif à la politique devenue science d'observation, et pour la rendre capable de répondre pleinement aux *besoins immenses et urgents de la société*, selon le désir exprimé par Auguste Comte, Saint-Simon s'occupa de remplir la lacune qu'il avait signalée dans le travail de son élève, tout en déclarant ce travail *le meilleur écrit* qui eût jamais été publié sur la politique générale. Le maître s'empressa donc d'ajouter à *la partie scientifique* de sa doctrine, si nettement exposée, la *partie sentimentale et religieuse* qui avait été omise, et, à la veille de sa mort, il publia le *Nouveau Christianisme*. Auguste Comte put en être contrarié, mais cette publication ne l'empêcha pas néanmoins d'apporter son puissant concours à la rédaction du *Producteur* pendant les premiers mois de la publication de ce journal (1825), dirigé par Cerclet, avec l'assistance de Rodrigues, d'Enfantin et de Bazard; et quand il se sépara hautement de l'école saint-simonienne, son livre sur la *politique positive* n'en conserva pas moins toute son autorité, toute sa valeur, dans le monde saint-simonien.

Ainsi, dans le *Producteur* (1825-1826), dans *l'Exposition de la nouvelle doctrine* par Bazard (1828-1829), dans *l'Organisateur* (1829-1830), dans *le Globe*, dans *les Prédications* (1830-1831), dans toutes les phases de cet apostolat primitif, gardâmes-nous toujours un vif sentiment de confraternité pour le disciple de Saint-Simon qui avait si clairement et si énergiquement démontré la nécessité de faire de la politique une science d'observation, pour préserver la société des explosions terribles et anarchiques dont elle était menacée dans la grande crise alors flagrante. Nous étions si profondément convaincus de la nécessité de cette nouvelle politique et de l'im-

minence des catastrophes dont nous étions menacés par le conflit perpétuel de la politique *théo-
logique-féodale* et de la politique *métaphysique-
révolutionnaire*, que nous terminions nos appels
à la politique *positive* par ce cri d'alarme :
Pressez-vous, *voici les barbares !*

Les barbares sont en effet en l's et ici, l'on
et l'on se moque de nous : et pendant cinquante
ans les exterminations et les massacres se sont
renouvelés de crise en crise, de révolution en
révolution, sans que d'aussi cruelles et aussi
fréquentes leçons aient pu détrôner la politique
d'imagination, théologique ou métaphysique,
rétrograde ou radicale. La nation n'a pas cessé
d'être tenue en balance entre les chartes monar-
chiques et les constitutions républicaines incessamment déchirées ou révisées, et tout ce que les
hommes d'État et les publicistes, réputés les plus
intelligents et les plus capables dans les deux
camps ont pu imaginer, tour à tour, de plus approprié aux besoins de notre pays et de notre siècle, ç'a été une répétition ou une simple modification de l'un ou l'autre des deux systèmes dont
la rivalité perpétue l'état révolutionnaire au foyer
principal de la civilisation européenne. Les métaphysiciens libéraux se moquent à bon droit des

programmes du royalisme blanc ou tricolore,
obstiné à se présenter comme le seul prétendant
légitime au gouvernement ; mais, sous quelle
forme sérieuse, féconde et durable ont-ils conçu
ou exercé eux-mêmes ce gouvernement ? L'histoire du xixe siècle constate, à chaque page, la
stérilité et la fragilité de leurs conceptions, abou-
tissant toutes, comme celles des monarchistes, à
rouvrir l'abîme des révolutions. N'avons-nous
pas vu des écrivains, fort distingués d'ailleurs,
proposer, pour solution finale de nos discordes
civiles, toujours flagrantes ou imminentes, d'a-
bord *l'abolition de l'autorité*, puis *l'anarchie*, et
enfin *le gouvernement direct du peuple*, les *re-
présentants* et les *présidents* ayant fait leur
temps comme les *rois* ? C'était bien la politique
d'imagination, la rêverie métaphysique poussée
à ses dernières limites. Nous étions alors en
pleine république, en 1851, six mois avant le coup
d'État du 2 décembre. Nourris comme nous l'é-
tions depuis vingt-cinq ans des leçons de nos
maîtres sur la politique positive, les rêves in-
sensés des métaphysiciens de la démocratie nous
amenèrent à reprendre notre polémique de 1830,
pour combattre les publicistes aveugles qui, pour
servir la liberté, croyaient nécessaire d'enterrer

d'avance l'autorité de l'avenir avec celle du passé.

« Oui, dîmes-nous, dans une feuille républicaine, oui, l'autorité, comme tradition aristocratique, comme expression d'une souveraineté contestable et d'une supériorité factice; l'autorité impliquant toujours le dualisme antique et un conflit légal entre l'ordre et la liberté, entre l'État et l'individu, entre le droit exceptionnel et le droit commun, entre des minorités favorisées de tous les avantages du commandement et des masses destinées à subir toutes les charges de la subalternité; oui, l'autorité ainsi entendue et ainsi pratiquée, de quelque nom qu'on l'appelle et sous quelque forme qu'on la déguise, s'en va certainement avec les rois, qui en furent la plus haute et la plus redoutable signification. Il est hors de doute que le principe du pouvoir qui s'appliquait à des sociétés divisées en conditions inégales, à des sociétés constituées par la guerre, ne pouvait convenir à des sociétés formées d'hommes libres, tous égaux, tous frères et organisées par le suffrage universel, et pour le bien-être universel. Mais est-ce à dire que l'autorité, personnification de la volonté générale, gardienne de l'ordre et de l'intérêt publics, directrice du mouvement social, doive complètement disparaître, et que la société pacifique de l'avenir soit abandonnée, sans guide et sans frein, à toutes les inspirations, à toutes les fantaisies de l'individualisme? Est-ce à dire que la liberté, l'égalité et la fraternité soient absolument exclusives de toute division de fonctions, et que l'association des travailleurs ne comporte ni l'influence du savoir, ni la direction de l'expérience, ni le classement des aptitudes, ni la coordination des services? Est-ce à dire que toute idée de gérance, d'administration, de centralisation d'efforts, de mécanisme gouvernemental, soit incompatible avec le développement des principes démocratiques et des améliorations sociales, et qu'elle devienne inapplicable aux sociétés fraternellement constituée sous la loi commune du travail et de la rétribution selon les œuvres? Est-ce à dire, en un mot, que l'anarchie, comprise dans son sens vulgaire et n'exprimant que l'absence de tout lien social, soit offerte à l'humanité comme le dernier terme de ses progrès et l'état normal de l'avenir?

« Non, évidemment non; et nul des penseurs qui ont écrit contre l'autorité n'a pu donner cette extension et cette portée à ses attaques. Ils veulent tous, à coup sûr, et ils attendent

des conquêtes pacifiques de l'esprit d'association,
que la gestion fraternelle des égaux remplacera
un jour l'administration plus ou moins exigeante
des maîtres, sous quelque dénomination que la
vieille autorité se cache. Ils veulent tous que le
pouvoir ne soit plus une création arbitraire
des métaphysiciens politiques, une prérogative
attachée à des supériorités factices, une émanation du préjugé, une consécration du privilège, une superfétation dans l'atelier général, et
qu'il devienne, au contraire, une charge imposée a la capacité. l'accomplissement d'un devoir professionnel et l'expression d'un service
social.

« Dans les sociétés guerrières du moyen
âge, la capacité militaire primant toutes les autres, le pouvoir politique attribué aux hommes
d'armes n'était que la représentation de leur importance sociale. Le défenseur du fief en était
aussi le juge et l'administrateur. Quand le service social cessa, la prééminence politique n'eut
plus de raison d'être, et l'autorité se trouva atteinte dans sa base.

« La révolution, en changeant la forme du
pouvoir, a-t-elle relevé l'autorité? Non, elle l'a
simplement déplacée bien des fois, mais sans

pouvoir jamais en arrêter la décadence et la
ruine. Les restaurations sont venues après elle
et n'ont pas été plus heureuses. Les restaurations ont essayé de faire marcher fièrement le
squelette de la vieille autorité, qui avait vu, durant des siècles, la vie s'éteindre en elle, à
mesure qu'elle perdait de plus en plus sa valeur
sociale, et elles n'ont pas pu le maintenir longtemps debout. C'est à la révolution, qui n'a été
jusqu'à présent que la négation de l'autorité ancienne, à chercher, à découvrir et à organiser les éléments de l'autorité future. Le fait
prédominant dans la société n'est plus le service
militaire, mais le travail pacifique. Sur les débris
du régime féodal qui fut constitué pour la guerre
avec ses combinaisons de vasselage et de servage, il s'agit donc d'établir l'association intellectuelle et industrielle, avec ses conditions de
liberté, d'égalité et de fraternité. Le groupe social
qui s'appelait le *fief* dut être régi militairement
selon son origine, sa nature et sa destination; le
groupe social que nous appellerons provisoirement l'*atelier*, devra être administré aussi selon
son principe, son essence et son but. Les chefs du
fief commandaient à des subalternes et exploi-
taient, en même temps qu'ils les protégeaient,

leurs inférieurs. Les chefs de l'atelier ne feront
que guider des égaux, que servir des associés :
mais cette direction fraternelle n'en sera pas
moins la plus solide et la plus puissante des au-
torités, puisqu'elle reposera sur l'affection, l'estime
et la confiance réciproques.

« Eh bien ! si les ateliers, les groupes sociaux,
renfermaient un jour les travailleurs de tous les
ordres, savants, artistes, industriels, et si, après
avoir pourvu à leur organisation particulière et à
leur administration intérieure, ils sentaient le besoin d'établir entre eux un lien fraternel et une
direction centrale, cette administration spéciale
et cette direction générale ne constitueraient-elles
pas la véritable autorité de l'avenir ? L'organisation du nouveau mouvement social en pleine
activité pourrait-elle laisser subsister longtemps
en dehors d'elle un mécanisme politique qui ne
serait plus qu'une superfétation, puisque tout le
monde travaillerait, fonctionnerait et vivrait
sans lui, en parfaite sécurité, dans l'association
universelle formée de la fusion des associations
particulières ? Non, sans doute ; il en serait probablement alors des titres et des titulaires des
anciens pouvoirs, devenus superflus, ce qu'il en
fut des institutions politiques établies par la do-

mination romaine, consulats et proconsulats, sénats, prétoires et préfectures, etc., etc., quand les nations de l'Occident se trouvèrent socialement transformées par la double influence de la propagation du christianisme et de l'invasion des barbares. La puissance sociale deviendrait nécessairement la puissance politique, car ce n'est jamais que provisoirement qu'elles peuvent être indépendantes et distinctes l'une de l'autre.

« Mais tant que ce provisoire dure; tant que l'ordre nouveau n'est pas constitué; tant que l'atelier national n'est pas organisé: tant que l'association des travailleurs n'est pas le fait général de la société et qu'elle n'a pas produit une administration qui puisse garantir seule le repos. la prospérité et la liberté du pays, il faut bien accepter l'appui de l'autorité; telle que le cours des révolutions l'a faite, et sous la réserve de la modifier le plus possible, selon l'esprit libéral qui devra désormais caractériser le pouvoir et la loi. »

Depuis que nous écrivions ces lignes, il s'est opéré en France deux nouvelles révolutions, en sens contraire, quant à la forme du gouvernement, l'une pour renverser, l'autre pour rétablir la République, mais toutes deux se sont

accomplies sous la pression de la politique d'imagination, théorique ou traditionnelle, laquelle,
sous des drapeaux divers, n'a pu, depuis quatre-
vingts ans, que perpétuer la lutte acharnée des
partis, sans pouvoir rien constituer de durable.

Il serait temps que la politique rompît avec
l'imagination et qu'elle se rapprochât de l'observation comme les autres sciences, pour ne plus
s'appliquer qu'à bien connaître l'état social de la
France, afin de pouvoir, à travers tant de difficultés et d'obstacles, la mettre à l'abri de nouveaux orages.

Un revirement remarquable, il faut le reconnaître, s'est déjà opéré dans ce sens parmi les
métaphysiciens parlementaires. Ils ne font plus
de la République une abstraction, un régime de
droit naturel pour les peuples de tous les temps
et de tous les lieux, sans distinction entre les lumières de la civilisation et les ténèbres de la
barbarie. C'est sur l'état social de la nation fran-
çaise, sur ses aspirations, ses connaissances, ses
besoins, ses intérêts manifestes, qu'ils fondent
leur attachement à la forme républicaine; et
loin de considérer la République comme le domaine d'un parti, ils s'associent aux hommes de
bonne volonté de tous les partis pour en faire le

vrai gouvernement du pays par le pays, *le gou-*
vernement de tous et pour tous. C'est un premier
pas dans la voie où doivent marcher aujourd'hui
d'accord, pour s'identifier plus tard, le progrès politique et le progrès social.

Mais cette heureuse conciliation des libéraux
de toutes les nuances sur le terrain du nécessaire
et du possible, sous le drapeau d'une République
ouverte à tous, et affranchie des haines, des ri-
valités et des préjugés de parti ; cette conciliation,
pour s'affermir et pour produire un effet salutaire
sur la tranquillité et la prospérité du pays, a besoin d'être accompagnée d'une étude sérieuse et
sans passion du mouvement social qui tient le
monde moderne dans un bouillonnement perpétuel. La constitution républicaine du 25 février
1875 n'empêchera pas les partisans de la monarchie, ancienne ou nouvelle, de continuer
à agiter le pays, au nom du *péril social*. Il
y a trente-cinq ans qu'un ministre anglais signalait ce péril à M. Guizot; mais l'illustre Robert
Peel ajoutait que ce *péril* était aussi une *honte*
pour notre civilisation, et qu'il y avait nécessité
de se préoccuper des misères du *peuple immense*
du travail manuel.

« On n'y peut pas tout, disait-il, mais on y

peut quelque chose, et il faut faire tout ce qui est possible. »

A la même époque, Enfantin publiait un opuscule (1) où il exprimait la même pensée.

« Depuis 1830, disait-il, malgré nos perturbations politiques, l'industrie a pris un nouvel essor ; en même temps l'importance des intérêts matériels est plus profondément entrée dans l'esprit des publicistes et des hommes d'État ; les doctrines du *laissez-faire* et *laissez-passer*, naguère proclamées avec une admirable sécurité de conscience, ont été détrônées par l'idée de ramener à une loi de prévoyance les travaux de la production et les opérations du commerce. Enfin, la sollicitude générale s'est émue de toutes les questions relatives au travail et au bien-être du peuple. Ne serait-il pas temps que le pouvoir entrât avec une prudence résolue dans cet ordre de questions ? Ce serait déjà beaucoup que de vouloir.

« Nous concéderons que la tâche est difficile. délicate, et qu'il convient de ne rien précipiter : est-ce une raison de toujours temporiser ? Voyons : depuis trois mois, nous entendons chaque jour

1. Imprimé en 1839, chez Duverger.

reparler de la révolution de 1830 ; eh bien ! puisque cette révolution est l'*ultima ratio* de toutes vos argumentations, Messieurs, souvenez-vous que le peuple en était ! Pensez donc à lui, pensez à ce qu'exigent son ignorance et sa misère, pensez à ce que réclament sa résignation et ses divines espérances de progrès, et ne l'ajournez pas incessamment, quand vous employez votre temps à tourner dans une discussion creuse, à tripoter de mesquines combinaisons, à faire de l'anarchie ou de la résistance au petit pied, à vous jeter à la tête les vilenies de la corruption et les scandales de l'apostasie !

« Que le gouvernement marche, s'il veut rester debout ; s'il demeurait immobile, il aurait tout à redouter. . . . .

« Tout le monde, aujourd'hui, selon des intentions différentes, jette un coup d'œil en arrière, et prenant pour point de départ la révolution de Juillet, se dit : Voilà où nous en sommes encore ! qu'avons nous fait ? où allons nous ? Qu'on regarde plus avant dans le passé, qu'on remonte jusqu'à la prise de la Bastille en 1789 ; c'était le symbole de la conquête de tout un avenir de félicité imprévue, et maintenant, que l'on considère ce que la France, durant ces cinquante

années, a usé de pouvoirs, enterré de constitutions, traversé d'expériences ! Lui sera-t-il enfin
donné de célébrer ce jubilé révolutionnaire par
un heureux concert du pouvoir exécutif et des
Chambres entrant décidément dans une voie suivie d'améliorations populaires, par un de ces efforts sublimes qui épargnent à une nation de nouveaux désordres et préparent sa régénération ? »

Vain espoir ! La réalisation de ce vœu n'était
désirable et possible que par de sérieuses et gra-
duelles améliorations sociales, conçues, méditées,
discutées et décrétées par les pouvoirs compétents, en plein règne de la liberté et de l'ordre
public.

Mais, en 1848, sous la seconde République, les
métaphysiciens intervinrent pour conseiller et
préparer avec solennité une organisation du travail telle qu'ils pouvaient l'emprunter à leur politique d'imagination. Enfantin s'alarma de cette
précipitation du socialisme abstrait, dans l'intérêt
du progrès social, et il écrivit ces quelques mots à
l'homme politique le plus influent à cette époque,
Lamartine :

· « Sauvez le principe de l'échec inévitable qu'il
éprouvera en sortant du creuset du Luxembourg.
Sauvez-le en réalisant pratiquement les premières

conséquences, tandis qu'ils veulent lui faire produire de suite ce qui sera la grande œuvre du siècle, ou mieux encore des siècles. »

Le gouvernement provisoire était trop absorbé par la tâche de maintenir l'ordre dans la rue pour entreprendre les premières expériences d'une réformation pacifique des conditions du travail. Il ne sortit des ateliers nationaux que des éléments de guerre civile; et quand la paix publique fut rétablie, l'Assemblée nationale inséra dans la nouvelle constitution républicaine un article ains conçu :

« La société favorise et encourage le développement du travail par l'enseignement primaire gratuit, l'éducation professionnelle, l'égalité de rapports entre le patron et l'ouvrier, les institutions de prévoyance et de crédit, les associations volontaires et l'établissement, par l'État, les départements et les communes, de travaux publics propres à employer les bras inoccupés; elle fournit l'assistance aux enfants abandonnés, aux infirmes et aux vieillards sans ressources que leurs familles ne peuvent secourir. »

C'était là une déclaration de principes pleine de belles promesses, mais que la société ne pouvait réaliser qu'au moyen d'institutions orga-

niques établies par des lois spéciales. Aussi, quand
la Constituante de 1848, dont nous avions l'honneur de faire partie, eût déclaré l'urgence de
celles de ses lois qui s'appliquaient au mécanisme
gouvernemental et à l'organisation administra-
tive, insistâmes-nous pour faire comprendre dans
cette déclaration les lois organiques de la prévoyance sociale dont l'application était spécifiée
dans l'article 13 de l'acte constitutionnel; mais
la majorité parlementaire repoussa notre demande.

Les conservateurs *bornes*, comme les appelait
Lamartine, étaient redevenus influents sous la
République, et leur crédit s'éleva même à la hau-
teur de l'omnipotence dans l'Assemblée législative, où ils parvinrent, non pas seulement à faire
mettre à l'écart la réalisation des promesses cons-
titutionnelles concernant le bien-être universel,
mais à faire mutiler le suffrage universel, ce qui
amena le coup d'État du 2 décembre et a pu faire
dire à M. de Falloux que cette journée avait été
l'œuvre de ses victimes autant que de ses auteurs.

Quand le suprême pouvoir eût passé dans les
mains de l'homme qui s'était vivement préoccupé
dans sa prison des misères sociales et qui, devenu

chef du pouvoir exécutif, sous la République, avait dit aux exposants français, en 1849, *qu'il fallait réaliser au profit de ceux qui travaillent le vœu philanthropique d'une part meilleure dans les bénéfices et d'un avenir plu assuré;* quand Napoléon III fut assis sur le trône, on pouvait s'attendre à des mesures significatives pour améliorer le sort de la classe ouvrière. Je me souviens que, dans une conversation à l'Assemblée constituante, en septembre 1848, lui ayant dit que son oncle avait organisé la démocratie dans la caserne, et qu'il s'agissait maintenant de l'organiser dans l'atelier, il me répondit que c'était là son programme. C'était plus urgent que jamais; les congrès et la ligue internationale des travailleurs avaient remplacé les congrès et la Sainte-Alliance des rois et formulaient dans toute l'Europe les revendications les plus menaçantes.

Napoléon III, il faut le reconnaître, malgré tout ce que ses fautes et ses malheurs ont coûté à la France, garda sous son règne toutes ses sympathies pour les classes laborieuses. Ce fut sous son inspiration que furent fondés des établissements d'instruction et de prévoyance et des sociétés coopératives, et que les lois civiles et pénales furent modifiées, au profit des travailleurs. Dans le programme de son ministère libéral, accepté par la majorité législative, on adoptait, comme but politique, cette formule placée en tête de toutes nos publications périodiques : *l'amélioration morale, intellectuelle et matérielle du sort du plus grand nombre*.

L'Empereur, avant sa fatale condescendance pour de folles inspirations de guerre, dénuées de toute prévoyance, semblait donc disposé à entrer dans la voie des améliorations sociales. Un jeune député, M. Lehon, appela l'attention de la représentation nationale sur ce grave sujet, mais le Corps législatif ne fut jamais prêt à l'entendre dans le développement de sa proposition, et, d'ajournement en ajournement de la question sociale, on se trouva acculé à une révolution politique qui devait montrer à la France le *péril social* sous la forme la plus hideuse et la plus révoltante.

Nous sommes encore aujourd'hui sous le coup de l'effroi dont la capitale de la France fut saisie quand ce péril se changea pour elle en sauvage réalité. Mais cet affreux souvenir, constatant la gravité des dangers qui menacent notre état social, ne doit que nous exciter à étudier plus que jamais la question sociale dans les livres où elle est exposée et résolue avec l'autorité de la vraie science, celle qui s'appuie sur l'observation et non sur l'imagination, celle qui n'est ni théologique, ni métaphysique, et qui est exposée dans le troisième cahier du *Catéchisme des industriels* sous ce titre :

SYSTEME DE POLITIQUE POSITIVE.

LAURENT (de l'Ardèche),

L'un des amis d'Enfantin désignés dans son testament
pour remplacer le légataire universel, Arlès-Dufour,
et délégué, à cette fin, par Arlès lui-même.

P. S. — On s'est complu longtemps en France à penser et à dire que l'excès de misère de la classe ouvrière était une plaie dont l'Angleterre était plus particulièrement affectée. Mais quand il serait vrai que les travailleurs misérables sont plus nombreux au delà de la Manche qu'en deçà, n'est-il pas certain aussi que les familles laborieuses condamnées à vivre sous le poids des plus dures privations sont encore trop nombreuses au milieu de nous ? Dans les dernières années de l'Empire, sous le règne de l'auteur du livre sur *l'Extinction du paupérisme,* un pasteur catholique de la

capitale adressait une circulaire aux personnes
riches pour en obtenir des secours en faveur des
pauvres de sa paroisse. Voici en quels termes il
formulait sa demande :

« Permettez à l'un des plus pauvres curés de
Paris, d'une paroisse de 25,000 habitants, presque tous aux prises avec la faim, la nudité et toutes
les angoisses de la misère, de venir implorer pour
eux votre généreuse charité......

« Dans mon arrondissement, ils sont dix mille
officiellement inscrits au bureau de bienfaisance,
c'est-à-dire, 1 sur 6 habitants, et ce qu'il y a
de plus triste encore, c'est que dans ma paroisse
il ne se trouve ni une seule famille aisée pour
m'aider à secourir tant d'infortunes, ni aucune
œuvre de charité pour en adoucir quelques-unes.
Les aumônes de toute l'année n'y atteignent pas
500 francs. Il faut donc que je cherche tout au dehors, dans les paroisses riches ou aisées.

« Dans la mienne, on ne voit de toutes parts
que des familles de 6, 8, 10 et jusqu'à 12 enfants
vivants, soutenus seulement par deux bras d'ouvrier ; des femmes restées veuves avec 7 et 9
enfants ; des ménages entiers, souvent de 8 personnes, couchant par terre, sur de la paille, dans

la même chambre, dans des boîtes, sous des han-
gars, dans des greniers ouverts ; des ouvriers
nombreux ne dormant que sur leur chaise depuis plusieurs années ; des mères délaissées par
leur lâche mari avec 5 ou 6 petits enfants ; de
pauvres gens cherchant quelquefois, le matin,
sous mes yeux, une partie de leur nourriture jusque dans les ordures de la rue..... c'est à fen-
dre le cœur !..... etc., etc. »

Un philanthrope religieux, notre intime et regrettable ami, Arlès-Dufour, à qui cette circulaire
fut adressée, s'empressa d'y répondre par l'envoi
d'un secours accompagné de quelques réflexions
auxquelles le pasteur répondit dans une lettre de
remercîments qui fit reprendre la plume à Arlès :

« C'est donc une triste mais instructive vérité
à reconnaître et à mettre à profit, dit notre ami,
que cette impuissance de la charité collectivement et individuellement exercée. Il est donc
malheureusement incontestable que cette charité,
malgré son organisation puissante, malgré les
nombreuses sociétés d'assistance qu'elle a fondées, malgré l'abondance des offrandes et des
legs pieux, et malgré le concours actif de la
bienfaisance municipale ; c'est une triste et ins-

tructive vérité à proclamer bien haut, que la charité, alimentée par tant de canaux et tant de sources intarissables, ne peut pas préserver la cité qui se dit et se croit la plus civilisée de l'univers, d'avoir dans son sein, à côté des merveilles d'une reconstruction gigantesque, à côté de ses fastueux palais et de ses riches comptoirs, des populations nues et affamées, dont les privations et les souffrances extrêmes ne sont pas purement locales. . . .

« Il y a là un excès de mal qui devient de plus en plus difficile à supporter; il faut se hâter de chercher et d'appliquer le remède. Il faut que la charité se fasse aider par l'équité dans la distribution des fruits du travail et que la récompense selon les œuvres ne laisse plus rien à faire à l'aumône. »

« ARLÈS-DUFOUR. »

CATÉCHISME

DES

INDUSTRIELS

TROISIÈME CAHIER

CATÉCHISME

DES

INDUSTRIELS

TROISIÈME CAHIER

Ce troisième cahier est de notre élève, M. Auguste Comte. Nous lui avions confié, ainsi que nous l'avons annoncé dès notre première livraison, le soin d'exposer les généralités de notre système ; c'est le commencement de son travail que nous allons mettre sous les yeux du lecteur.

Ce travail est certainement très-bon, considéré du point de vue où son auteur s'est placé ; mais il n'atteint pas exactement au but que nous nous étions proposé, il n'expose point les généralités de notre système, c'est-à-dire, il n'en expose qu'une partie, et il fait jouer le rôle prépondérant à des généralités que nous ne considerons que comme secondaires.

Dans le système que nous avons conçu, la capacité industrielle est celle qui doit se trouver en première ligne ; elle est celle qui doit juger la valeur de toutes les autres capacités, et les faire travailler toutes pour son plus grand avantage.

Les capacités scientifiques, dans la direction de *Platon* et dans celle d'*Aristote*, doivent être considérées par les industriels comme leur étant d'une égale utilité, et ils doivent par conséquent leur accorder une considération égale et leur répartir également les moyens de s'activer.

Voilà notre idée la plus générale ; elle diffère sensiblement de celle de notre élève, qui s'est placé au point de vue d'*Aristote*, c'est-à-dire, au point de vue exploité de nos jours par l'Académie des sciences physiques et mathématiques : il a considéré par conséquent la capacité *aristoticienne* comme la première de toutes, comme devant primer le spiritualisme, ainsi que la capacité industrielle et la capacité philosophique.

De ce que nous venons de dire, il résulte que notre élève n'a traité que la partie scientifique de notre système, mais qu'il n'a point exposé sa partie sentimentale et religieuse : voilà ce dont nous avons dû prévenir nos lecteurs. Nous remédierons autant qu'il nous sera possible à cet inconvénient dans le cahier suivant, en présentant nous-mêmes nos généralités.

Au surplus, malgré les imperfections que nous trouvons au travail de M. Comte, par la raison qu'il n'a rempli que la moitié de nos vues, nous déclarons formellement qu'il nous paraît le meilleur écrit qui ait jamais été publié sur la politique générale.

SYSTÈME

DE

POLITIQUE POSITIVE

par

AUGUSTE COMTE

ANCIEN ÉLÈVE DE L'ÉCOLE POLYTECHNIQUE
ÉLÈVE DE HENRI SAINT-SIMON

TOME PREMIER

(PREMIÈRE PARTIE)

AVERTISSEMENT

Cet ouvrage se composera d'un nombre indéterminé de volumes, formant une suite d'écrits distincts, mais liés entre eux, qui tous auront pour but direct, soit d'établir que la politique doit aujourd'hui s'élever au rang des sciences d'observation, soit d'appliquer ce principe fondamental à la réorganisation spirituelle de la société.

Les deux premiers volumes, qui peuvent être regardés comme une sorte de prospectus philosophique de l'ensemble de l'ouvrage, contiendront à la fois l'exposition du plan des travaux scientifiques sur la politique, divisés en trois grandes séries, et une première tentative pour exécuter ce plan.

Le premier volume est, en conséquence, composé de deux parties : l'une est relative au plan de la première série de travaux ; l'autre, qui sera publiée peu de temps après, se rapporte à son exécution.

Le but de la première partie est proprement d'établir, d'une part, l'esprit qui doit régner dans la politique, considérée comme une science positive ; et, d'une autre part, de démontrer la nécessité et la possibilité d'un tel changement. L'objet de la seconde est d'ébaucher le travail qui doit imprimer ce caractère à la politique, en présentant un premier coup d'œil scientifique sur les lois qui ont présidé à la marche générale de la civilisation, et, par suite, un premier apperçu du système social que le développement naturel de l'espèce humaine doit rendre aujourd'hui dominant. En un mot, la première partie traite de la méthode en physique sociale, et la seconde de son application.

La même division sera observée dans le vo-

lume suivant, relativement aux deux autres
séries de travaux.

Afin de caractériser avec toute la précision convenable l'esprit de cet ouvrage, quoique étant,
j'aime à le déclarer, l'élève de M. Saint-Simon,
j'ai été conduit à adopter un titre général distinct de celui des travaux de mon maître. Mais
cette distinction n'influe point sur le but iden-
tique des deux sortes d'écrits, qui doivent être
envisagés comme ne formant qu'un seul corps
de doctrine, tendant, par deux voies différentes,
à l'établissement du même système politique.

J'ai adopté complétement cette idée philosophique émise par M. Saint-Simon, que la réorganisation actuelle de la Société doit donner lieu
à deux ordres de travaux spirituels, de caractère opposé mais d'égale importance. Les uns, qui
exigent l'emploi de la capacité scientifique, ont
pour objet la refonte des doctrines générales; les
autres, qui doivent mettre en jeu la capacité littéraire et celle des beaux-arts, consistent dans le
renouvellement des sentiments sociaux.

La carrière de M. Saint-Simon a été employée
à découvrir les principales conceptions nécessaires pour permettre de cultiver efficacement
ces deux branches de la grande opération philo-

sophique réservée au xixe siècle. Ayant médité depuis longtemps les idées-mères de M. Saint-Simon, je me suis exclusivement attaché à systématiser, à développer et à perfectionner la partie des aperçus de ce philosophe qui se rapporte à la direction scientifique. Ce travail a eu pour résultat la formation du système de politique positive, que je commence aujourd'hui à soumettre au jugement des penseurs.

J'ai cru devoir rendre publique la déclaration précédente, afin que si mes travaux paraissent mériter quelque approbation elle remonte au fondateur de l'école philosophique dont je m'honore de faire partie.

Il est sans doute superflu de justifier ici de la loyauté de mes intentions politiques, et d'entreprendre de prouver l'utilité des vues que j'expose ; le public et les hommes d'État jugeront l'un et l'autre point, à la lecture de cet ouvrage ; c'est à eux qu'il appartient de décider, après un mûr examen, si ces idées tendent à jeter dans la société de nouveaux éléments de trouble, ou à seconder, par des moyens spéciaux et dont le concours est indispensable, les efforts des gouvernements pour rétablir l'ordre en Europe.

INTRODUCTION

Un système social qui s'éteint, un nouveau système parvenu à son entière maturité et qui tend à se constituer, tel est le caractère fondamental assigné à l'époque actuelle par la marche générale de la civilisation.

Conformément à cet état de choses, deux mouvements de nature différente agitent aujourd'hui la société: l'un de désorganisation, l'autre de réorganisation.

Par le premier, considéré isolément, elle est entraînée vers une profonde anarchie morale et politique qui semble la menacer d'une prochaine et inévitable dissolution. Par le second, elle est conduite vers l'état social définitif de l'espèce humaine, le plus convenable à sa nature, celui où tous ses moyens de prospérité doivent recevoir leur plus entier développement et leur application la plus directe.

C'est dans la coexistence de ces deux tendances opposées que consiste la grande crise éprouvée par les nations les plus civilisées. C'est sous ce double aspect qu'elle doit être envisagée pour être comprise.

Depuis le moment où cette crise a commencé à se manifester, jusqu'à présent, la tendance à la désorganisalion de l'ancien système a été dominante, ou plutôt elle est encore la seule qui se soit nettement prononcée. Il était dans la nature des choses que la crise commençât ainsi, et cela était utile, afin que l'ancien système fût assez modifié pour permettre de procéder directement à la formation du nouveau.

Mais aujourd'hui que cette condition est pleinement satisfaite, que le système féodal et théologique est aussi atténué qu'il peut l'être jusqu'à ce que le nouveau système commence à s'établir, la prépondérance que conserve encore la tendance critique est le plus grand obstacle aux progrès de la civilisation et même à la destruction de l'ancien sytème. Elle est la cause première des secousses terribles et sans cesse renaissantes dont la crise est accompagnée.

La seule manière de mettre un terme à cette orageuse situation, d'arrêter l'anarchie qui envahit de jour en jour la société, en un mot, de réduire la crise à un simple mouvement moral, c'est de déterminer les nations civilisées à quitter la direction critique pour prendre la direction organique, à porter tous leurs efforts vers la formation du nouveau système social, objet définitif de la crise et pour lequel tout ce qui s'est fait jusqu'à présent n'est que préparatoire.

Tel est le premier besoin de l'époque actuelle, telle est aussi en aperçu le but général de nos travaux, et le but spécial de cet écrit qui a pour objet de mettre en jeu les forces qui doivent entraîner la société dans la route du nouveau système.

Un examen sommaire des causes qui ont jusqu'à présent empêché la société et qui l'empêchent encore de prendre franchement la direction organique, doit naturellement précéder l'exposition des moyens à employer pour l'y faire entrer.

Les efforts multipliés et continus, faits par les peuples et par les rois, pour réorganiser la société, prouvent que le besoin de cette réorganisation est généralement senti, mais il ne l'est, de part et d'autre, que d'une manière vague et imparfaite. Ces deux sortes de tentatives, quoique opposées, sont également vicieuses sous des rapports différents. Elles n'ont pas eu jusqu'à présent et ne sauraient jamais avoir aucun résultat vraiment organique. Loin de tendre à terminer la crise, elles ne contribuent qu'à la prolonger. Telle est la véritable cause qui, malgré tant d'efforts, retenant la société dans la direction critique, la laisse en proie aux révolutions.

Pour établir cette assertion fondamentale, il suffit de jeter un coup d'œil général sur les essais de réorganisation entrepris par les rois et par les peuples.

L'erreur commise par les Rois est la plus facile à saisir. Pour eux, la réorganisation de la société, c'est le rétablissement pur et simple du système féodal et théologique dans toute sa plénitude. Il n'y a pas, à leurs yeux, d'autre moyen de faire cesser l'anarchie qui résulte de la décadence de ce système.

Il serait peu philosophique de regarder cette opinion comme principalement dictée par l'intérêt particulier des gouvernants : quelque chimérique qu'elle soit, elle a dû se présenter naturellement aux esprits qui cherchent de bonne foi un remède à la crise actuelle, et qui, sentant, dans toute son étendue, le besoin d'une réorganisation, mais qui n'ont pas considéré la marche générale de la civilisation, et qui n'envisageant l'état présent des choses que sous une seule face, n'aperçoivent pas la tendance de la société vers l'établissement d'un nouveau système, plus parfait et non moins consistant que l'ancien. En un mot, il est naturel que cette manière de voir soit proprement celle des gouvernants ; car du point de vue où ils sont placés, ils doivent nécessairement apercevoir avec plus d'évidence l'état anarchique de la société, et par suite éprouver avec plus de force le besoin d'y remédier.

Ce n'est point ici le lieu d'insister sur l'absurdité manifeste d'une telle opinion; elle est aujourd'hui universellement reconnue par la masse des hommes éclairés. Sans doute les rois, en cherchant à reconstruire l'ancien système, ne comprennent point la nature de la crise actuelle, et sont loin d'avoir mesuré toute l'étendue de leur entreprise.

La chute du système féodal-théologique ne tient point, comme ils le croient, à des causes récentes, isolées et en quelque sorte accidentelles. Au lieu d'être l'effet de la crise, elle en est au contraire le principe. La décadence de ce système s'est effectuée d'une manière continue pendant les siècles précédents, par une suite de modifications indépendantes de toute volonté humaine, auxquelles toutes les classes de la société ont concouru, et dont les rois eux-mêmes ont souvent été les premiers agents ou les plus ardents promoteurs ; elle a été, en un mot, la conséquence nécessaire de la marche de la civilisation.

Il ne suffirait donc pas, pour rétablir l'ancien système, de faire rétrograder la société jusqu'à l'époque où la crise actuelle a commencé à se prononcer. Car, en admettant qu'on y parvînt, ce qui est absolument impossible, on aurait seulement replacé le corps social dans la situation qui a nécessité la crise; il faudrait donc, en remontant les siècles, réparer successivement toutes les pertes que l'ancien système a faites depuis six cents ans, et auprès desquelles ce que lui ont enlevé les trente dernières années n'est d'aucune importance.

Pour y parvenir, il n'y aurait d'autre moyen que d'anéantir un à un tous les développements de civilisation qui ont déterminé ces pertes.

Ainsi, par exemple, ce serait vainement qu'on supposerait détruite la philosophie du xviiie siècle, cause directe de la chute de l'ancien système,

sous le rapport spirituel, si on ne supposait aussi
l'abolition de la réforme de Luther, dont la philosophie du siècle dernier n'est que la conséquence et le développement. Mais comme la
réforme de Luther n'est, à son tour, que le résultat nécessaire du progrès des sciences d'observation introduites en Europe par les Arabes,
on n'aurait encore rien fait pour assurer le rétablissement de l'ancien système, si on ne réussis-
sait aussi à étouffer les sciences positives.

De même, sous le rapport temporel, on serait
conduit, de proche en proche, jusqu'à remettre
les classes industrielles en état de servage, puisqu'en dernière analyse l'affranchissement des
communes est la cause première et générale de
la décadence du système féodal. Enfin, pour achever de caractériser une telle entreprise, après
avoir vaincu tant de difficultés, dont la moindre,
considérée isolément, est au-dessus de tout pouvoir humain, on n'aurait encore obtenu rien autre
chose que d'ajourner la chute définitive de l'ancien système, en obligeant la société à recom-
mencer la destruction, parce qu'on n'aurait pas
éteint le principe de civilisation progressive inhérent à la nature de l'espèce humaine.

Un projet aussi monstrueux par son étendue comme par son absurdité, n'a pu évidemment être conçu dans son ensemble par aucune tête. Malgré soi, on est de son siècle. Les esprits qui croient lutter le plus contre la marche de la civilisation, obéissent à leur insu à son irrésistible influence et concourent d'eux-mêmes à la seconder.

Aussi, les rois, en même temps qu'ils projettent de reconstruire le système féodal et théologique, tombent-ils dans des contradictions perpétuelles en contribuant par leurs propres actes, soit à rendre plus entière la désorganisation de ce système, soit à accélérer la formation de celui qui doit le remplacer. Les faits de ce genre s'offrent en foule à l'observateur.

Pour n'indiquer ici que les plus remarquables, on voit les rois tenir à honneur d'encourager le perfectionnement et la propagation des sciences et des beaux-arts, et d'exciter le développement de l'industrie ; on les voit créer à cet effet de nombreux et utiles établissements, quoique ce soit, en dernière analyse, aux progrès des sciences, des beaux-arts et de l'industrie que doive être rapportée la décadence de l'ancien système.

C'est encore ainsi que par le traité de la Sainte-

Alliance les rois ont dégradé autant qu'il était en eux le pouvoir théologique, base principale de l'ancien système. en formant un conseil européen suprême, dans lequel ce pouvoir n'a pas même une voix consultative.

Enfin la manière dont se partagent aujourd'hui les opinions au sujet de la lutte entreprise par les Grecs, offre un exemple encore plus sensible de cet esprit d'inconséquence. On voit dans cette occasion [1] les hommes qui prétendent rendre aux idées théologiques leur ancienne influence, constater involontairement eux-mêmes la décadence de ces idées dans leur propre esprit, en ne craignant pas de prononcer en faveur du mahométisme un vœu qui eût attiré sur eux l'accusation de sacrilége dans les temps de splendeur de l'ancien système.

En suivant la série d'observations qui vient d'être indiquée, chacun peut aisément y ajouter de nouveaux faits qui se multiplient journellement. Les rois ne font, pour ainsi dire, pas un seul acte, une seule démarche, tendant au réta-

---

[1]. Pour sentir toute la portée de ce fait. il faut se rappeler que le pape lui-même s'est prononcé dans ce sens, en refusant formellement aux jeunes gens de la noblesse romaine la permission d'aller au secours des Grecs.

blissement de l'ancien système, qui ne soit aussitôt suivi d'un acte dirigé dans le sens contraire, et souvent la même ordonnance les contient l'un et l'autre.

Cette incohérence radicale est ce qu'il y a de plus propre à mettre dans tout son jour l'absurdité d'un plan que ne comprennent point ceux mêmes qui en suivent l'exécution avec le plus d'ardeur. Elle montre clairement combien est complète et irrévocable la ruine de l'ancien système. Il est inutile d'entrer ici dans de plus grands détails à ce sujet.

La manière dont les peuples ont conçu jusqu'à présent la réorganisation de la société n'est pas moins vicieuse, quoiqu'à d'autres égards, que celle des rois. Seulement leur erreur est plus excusable, puisqu'ils s'égarent dans la recherche du nouveau système vers lequel la marche de la civilisation les entraîne, mais dont la nature n'a pas encore été assez clairement déterminée, tandis que les rois poursuivent une entreprise dont une étude un peu attentive du passé démontre, avec une pleine évidence, l'absurdité totale. En un mot, les rois sont en contradiction avec les faits, et les peuples le sont avec les principes, qu'il est toujours bien plus difficile de ne point perdre de vue. Mais l'erreur des peuples est beaucoup plus importante à déraciner que celle des rois, parce qu'elle seule forme un obstacle essentiel à la marche de la civilisation, et que d'ailleurs la première donne seule quelque consistance à la seconde.

L'opinion dominante dans l'esprit des peuples sur la manière dont la société doit être réorganisée, a pour trait caractéristique une profonde ignorance des conditions fondamentales que doit remplir un système social quelconque pour avoir une consistance véritable : elle se réduit à présenter comme principe organique, les principes critiques qui ont servi à détruire le système féodal et théologique, ou, en d'autres termes, à prendre de simples modifications de ce système pour les bases de celui qu'il faut établir.

Qu'on examine, en effet, avec attention, les doctrines accréditées aujourd'hui parmi les peuples, dans les discours de leurs partisans les plus capables, et dans les écrits qui en offrent l'exposition la plus méthodique ; qu'après les avoir considérées en elles-mêmes, on observe historiquement leur formation successive, on les trouvera conçues dans un esprit purement critique, qui ne saurait servir de base à une réorganisation [1].

Le gouvernement qui, dans tout état de choses régulier, est la tête de la société, le guide et l'agent de l'action générale, est systématiquement dépouillé par ces doctrines de tout principe d'activité; privé de toute participation importante à la vie d'ensemble du corps social, il est réduit à un rôle absolument négatif. On regarde même toute l'action du corps social sur ses membres comme devant être strictement bornée au maintien de la tranquillité publique, ce qui n'a jamais pu être, dans aucune société active, qu'un objet subalterne dont le développement de la civilisation a même singulièrement atténué l'importance en rendant l'ordre très-facile à maintenir.

Le gouvernement n'est plus conçu comme le chef de la société, destiné à unir en faisceau et à diriger vers un but commun toutes les activités individuelles; il est représenté comme un ennemi naturel, campé au milieu du système social, contre lequel la société doit se fortifier par

1. Une discussion de cette importance ne peut être qu'esquissée dans cet écrit. Elle recevra plus de développement dans un travail spécial qui sera publié plus tard.

les garanties qu'elle a conquises, en se tenant vis-à-vis de lui dans un état permanent de défiance et d'hostilité défensive prête à éclater au premier symptôme d'attaque.

Si de l'ensemble on passe aux détails, le même esprit se présente plus clairement encore. Il suffira ici de le montrer pour les points principaux au spirituel et au temporel.

Le principe de cette doctrine, sous le rapport spirituel, est le dogme de la liberté illimitée de conscience. Examiné dans le même sens qu'il a été primitivement conçu, c'est-à-dire comme ayant une destination critique, ce dogme n'est autre chose que la traduction d'un grand fait général, la décadence des croyances théologiques.

Résultat de cette décadence, il a, par une réaction nécessaire, puissamment contribué à l'accélérer et à la propager: mais c'est à cela que, par la nature des choses, son influence a été limitée. Il est dans la ligne des progrès de l'esprit humain, tant qu'on se borne à l'envisager comme moyen de lutte contre le système théologique. Il en sort et il perd toute sa valeur aussitôt qu'on veut y voir une des bases de la grande organisation sociale, réservée à l'é-

poque actuelle ; il devient même alors aussi nuisible qu'il a été utile ; car il devient un obstacle
à cette réorganisation.

Son essence est, en effet, d'empêcher l'établissement uniforme d'un système quelconque
d'idées générales, sans lequel néanmoins il n'y
a pas de société, en proclamant la souveraineté
de chaque raison individuelle ; car, à quelque
degré d'instruction que parvienne jamais la
masse des hommes, il est évident que la plupart des idées générales destinées à devenir
usuelles ne pourront être admises par eux que
de confiance, et non d'après des démonstrations.
Ainsi, un tel dogme n'est applicable, par sa
nature, qu'aux idées qui doivent disparaître,
parce qu'alors elles deviennent indifférentes ; et,
de fait, il n'a jamais été appliqué qu'à elles, au
moment où elles commençaient à déchoir, et
pour hâter leur chute.

L'appliquer au nouveau système comme à
l'ancien, et, à plus forte raison, y voir un principe organique, c'est tomber dans la plus étrange
contradiction ; et si une telle erreur pouvait être
durable, la réorganisation de la société serait
à tout jamais impossible.

Il n'y a point de liberté de conscience en astronomie, en physique, en chimie, en physiologie, dans ce sens que chacun trouverait absurde de ne point croire de confiance aux principes établis dans ces sciences par les hommes compétents. S'il en est autrement en politique, c'est parce que les anciens principes étant tombés, et les nouveaux n'étant point encore formés, il n'y a point, à proprement parler, dans cet intervalle, de principes établis. Mais convertir ce fait passager en dogme absolu et éternel, en faire une maxime fondamentale, c'est évidemment proclamer que la société doit toujours rester sans doctrine générale. On doit convenir qu'un tel dogme mérite, en effet, les reproches, d'anarchie qui lui sont adressés par les défenseurs les plus capables du système théologique.

Le dogme de la souveraineté du peuple est celui qui correspond, sous le rapport temporel, au dogme qui vient d'être examiné, et dont il n'est que l'application politique. Il a été créé pour combattre le principe de droit divin, base politique générale de l'ancien système, peu de temps après que le dogme de la liberté de conscience eût été formé pour détruire les idées théologiques sur lesquelles ce principe était fondé.

Ce qui a été dit pour l'un est donc applicable

à l'autre. Le dogme anti-féodal comme le dogme anti-théologique, a accompli sa destination critique, terme naturel de sa carrière. Le premier ne peut pas plus être la base politique de la réorganisation sociale, que le second n'en peut être la base morale. Nés tous deux pour détruire, ils sont également impropres à fonder.

Si l'un, lorsqu'on veut y voir un principe organique, ne présente autre chose que l'infaillibilité individuelle substituée à l'infaillibilité papale, l'autre ne fait de même que remplacer l'arbitraire des rois par l'arbitraire des peuples, ou plutôt par celui des individus. Il tend au démembrement général du corps politique, en conduisant à placer le pouvoir dans les classes les moins civilisées, comme le premier tend à l'entier isolement des esprits, en investissant les hommes les moins éclairés d'un droit de contrôle absolu sur le système d'idées générales arrêté par les esprits supérieurs pour servir de guide à la société.

Il est aisé de transporter à chacune des idées plus particulières dont se compose la doctrine des peuples, l'examen qui vient d'être esquissé pour les deux dogmes fondamentaux. On trouvera toujours ce résultat semblable. On verra que toutes, comme les deux principales, ne sont autre chose que l'énoncé dogmatique d'un fait historique correspondant, relatif à la décadence du système féodal et théologique. On reconnaîtra de même que toutes ont une destination purement critique, qui fait seule leur valeur, et qui les rend absolument inapplicables à la réorganisation de la société.

Ainsi, l'examen approfondi de la doctrine des peuples confirme ce que le coup d'œil philosophique devait faire prévoir, que des machines de guerre ne sauraient, par une étrange métamorphose, devenir subitement des instruments de fondation. Cette doctrine, purement critique dans son ensemble et dans ses détails, a eu la plus grande importance pour seconder la marche naturelle de la civilisation, tant que l'action principale a dû être la lutte contre l'ancien système. Mais conçue comme devant présider à la réorganisation sociale, elle est d'une insuffisance absolue; elle place forcément la société dans un état d'anarchie constituée au temporel et au spirituel.

Sans doute il était conforme à la faiblesse humaine que les peuples commençassent par adopter comme organiques les principes critiques avec lesquels l'application continuelle les avait familiarisés, mais la prolongation d'une telle erreur n'en est pas moins le plus grand obstacle à la réorganisation de la société.

Après avoir considéré séparément les deux manières différentes dont les peuples et les rois conçoivent cette réorganisation, si on les compare l'une à l'autre, on voit que chacune d'elles, par des vices qui lui sont propres, est également impuissante à placer la société dans une véritable direction organique, et à prévenir ainsi pour l'avenir le retour des orages dont la grande crise qui caractérise l'époque actuelle a été jusqu'ici constamment accompagnée. Toutes deux sont anarchiques au même degré, l'une par sa nature intime, l'autre par ses conséquences nécessaires.

La seule différence qui existe entre elles à cet égard, c'est que dans l'opinion des rois, le gouvernement se constitue à dessein en opposition directe et continue avec la société, tandis que dans l'opinion des peuples, c'est la société qui s'établit systématiquement dans un état permanent d'hostilité contre le gouvernement.

Ces deux opinions opposées et également vicieuses tendent, par la nature des choses, à se fortifier mutuellement, et, en conséquence, à alimenter indéfiniment la source des révolutions.

D'un côté les tentatives des rois pour reconstruire le système féodal et théologique, provoquent nécessairement, de la part des peuples, l'explosion des principes de la doctrine critique dans toute leur redoutable énergie. Il est même évident que, sans ces tentatives, cette doctrine aurait déjà perdu sa plus grande activité, comme n'ayant plus d'objet, depuis que l'adhésion solennelle des rois à son principe fondamental (le dogme de la liberté de conscience) et à ses principales conséquences, a, par le fait, hautement constaté la ruine irrévocable de l'ancien système. Mais les efforts pour ressusciter le droit divin réveillent la souveraineté du peuple et lui rendent de la fraîcheur. D'un autre côté, et par cela même que l'ancien système est plus que suffisamment modifié pour permettre de travailler directement à la formation du nouveau, la prépondérance accordée encore par les peuples aux principes critiques pousse naturellement les rois à tenter d'étouffer par le rétablissement de l'ancien système une crise qui, telle qu'elle se présente, semble n'offrir d'autre issue que la dissolution de l'ordre social. Cette prolongation du règne de la doctrine ·critique, à une époque où il faut à la société une doctrine organique, est même ce qui seul donne quelque force à l'opinion des rois. Car, si cette opinion n'est pas, à l'effet, plus réellement organique que celle des peuples, à cause de l'impossiblité absolue de se réaliser, elle l'est du moins en. théorie, ce qui lui donne un rapport incomplet avec les besoins de la société, à laquelle il faut absolument un système quelconque.

Qu'on ajoute à ce tableau exact l'influence des diverses factions aux projets desquelles un tel état de choses présente un champ si vaste et si favorable ; qu'on examine leurs efforts pour empêcher la question de s'éclaircir, pour détourner les rois et les peuples de s'entendre et de reconnaître leurs erreurs mutuelles, on aura une juste idée de la triste situation dans laquelle se trouve aujourd'hui la société.

Toutes les considérations précédemment exposées prouvent que le moyen de sortir enfin de ce déplorable cercle vicieux, source inépuisable de révolutions, ne consiste pas dans le triomphe de l'opinion des rois, ni dans celui de l'opinion des peuples, telles qu'elles sont aujourd'hui. Il n'y en a pas d'autre que la formation et l'adoption générale, par les peuples et par les rois, de la doctrine organique qui peut seule faire quitter aux rois la direction rétrograde, et aux peuples la direction critique.

Cette doctrine peut seule terminer la crise, en entraînant la société toute entière dans la route du nouveau système, dont la marche de la civilisation, depuis son origine, a préparé l'établissement, et qu'elle appelle aujourd'hui à remplacer le système féodal et théologique.

Par l'adoption unanime de cette doctrine, ce que les opinions actuelles des peuples et des rois offrent de raisonnable se trouvera satisfait; ce qu'elles renferment de vicieux et de discordant sera élagué. Les justes alarmes des rois sur la dissolution de la société étant dissipées, aucun motif légitime ne les portera plus à s'opposer à l'essor de l'esprit humain. Les peuples, tournant tous leurs vœux vers la formation du nouveau système, ne s'irriteront plus contre le système féodal et théologique et le laisseront s'éteindre paisiblement, suivant le cours naturel des choses. Après avoir constaté la nécessité de l'adoption d'une nouvelle doctrine vraiment organique, si l'on vient à examiner l'opportunité

de son établissement, les considérations suivantes suffisent pour démontrer que le moment
est enfin arrivé de commencer immédiatement
cette grande opération.

En observant avec précision l'état actuel des
nations les plus avancées, il est impossible de
n'être point frappé de ce fait singulier et presque
contradictoire : quoiqu'il n'existe encore d'autres idées politiques que celles qui se rapportent à la doctrine rétrograde ou à la doctrine
critique, aucune des deux, cependant, ne possède plus aujourd'hui, soit chez les rois, soit
chez les peuples, une prépondérance véritable ;
aucune n'exerce une action assez puissante pour
diriger la société. Ces deux doctrines qui, sous
le rapport théorique, s'alimentent mutuellement,
ainsi que nous l'avons établi ci-dessus, ne sont
plus néanmoins réellement employées qu'à se
limiter ou plutôt à s'annuler l'une l'autre dans
la conduite générale des affaires.

Le grand mouvement politique déterminé depuis trente ans par la mise en activité des
idées critiques leur a fait perdre leur principale
influence : d'une part, en portant le dernier coup
à l'ancien système, il a fermé leur carrière naturelle ; il a détruit presque entièrement le motif

général qui leur avait acquis la faveur populaire;
d'une autre part, l'application des opinions nouvelles à la réorganisation de la société a mis
dans une parfaite évidence leur caractère anarchique. Depuis cette expérience décisive, il n'y
a plus dans les peuples de véritable passion
critique; par suite et quelles que soient les ap-
parences, il ne peut plus y avoir de véritable
passion **rétrograde** dans les rois, puisque la décadence du système féodal et théologique et la
nécessité d'en sortir sont positivement reconnues par eux.

L'activité réelle soit dans l'une, soit dans
l'autre direction, se trouve maintenant être à la
fois en dehors du pouvoir et en dehors de la
société. Tous deux se servent, dans la pratique,
de l'opinion rétrograde ou de l'opinion critique
d'une manière essentiellement passive, c'est-à-
dire comme appareil défensif. Chacun d'eux
même emploie, tour à tour, l'une et l'autre, et
presque au même degré, avec cette seule différence naturelle, que comme moyen de raisonnement, les peuples restent encore rattachés à la
doctrine critique, parce qu'ils éprouvent plus
complétement le besoin d'abandonner l'ancien
système; et les rois à la doctrine rétrograde,

parce qu'ils sentent plus profondément la nécessité d'un ordre social quelconque.

Cette observation peut être aisément vérifiée
par ce seul fait de l'existence et du crédit d'une
sorte d'opinion bâtarde, qui n'est qu'un mélange
des idées rétrogrades et des idées critiques. Il
est évident que cette opinion, sans aucune influence à l'origine de la crise, est devenue aujourd'hui dominante, tant parmi les gouvernés
que parmi les gouvernants. Les deux partis actifs reconnaissent son empire de la manière la
moins équivoque, par la stricte obligation où ils
sont maintenant l'un et l'autre d'adopter son
langage.

Le succès d'une telle opinion constate clairement deux faits très-essentiels à la connaissance
exacte de l'époque actuelle. Il prouve d'abord
que l'insuffisance de la doctrine critique pour
correspondre aux grands besoins actuels de la
société, est aussi profondément et aussi universellement sentie que l'incompatibilité du système
féodal et théologique avec l'état présent de la
civilisation. En second lieu, il garantit que ni
l'opinion critique, ni l'opinion rétrograde ne
peuvent plus obtenir d'ascendant réel, car,
lorsque l'une d'elles paraît sur le point d'acquérir

la prépondérance, la disposition des esprits devient aussi favorable à l'autre ; jusqu'à ce que celle-ci, trompée par cette approbation apparente, ait repris assez d'activité pour donner lieu aux mêmes alarmes, et, par suite, éprouver à son tour le même désappointement [1]. Ces os-

---

[1]. Le mérite de l'opinion intermédiaire, ou plutôt contradictoire, consiste précisément à servir d'organe à cette disposition. Il est, du reste, évident que, par sa nature, elle est frappée de nullité organique, puisqu'elle n'a rien qui lui soit propre, et qu'elle ne se compose que de maximes opposées, qui s'annulent réciproquement. Elle ne peut aboutir, comme l'expérience l'a déjà suffisamment confirmé, qu'à faire osciller la marche des affaires, entre la tendance critique et la tendance rétrograde, sans lui imprimer jamais aucun caractère déterminé. Cette conduite indécise est certainement indispensable dans la situation politique actuelle et jusqu'à l'établissement d'une doctrine vraiment organique, pour prévenir les violents désordres auxquels la société serait exposée par la prépondérance du parti rétrograde ou du parti critique. En ce sens, tous les hommes sensés doivent s'empresser de la seconder. Mais si une telle politique rend moins orageuse l'époque révolutionnaire, il n'est pas moins incontestable qu'elle tend directement à en prolonger la durée, car, une opinion qui érige l'inconséquence en système, et qui conduit à empêcher soigneusement l'extinction totale des deux doctrines extrêmes, afin de pouvoir toujours les opposer l'une à l'autre, met nécessairement obstacle à ce que le corps social parvienne jamais à un état fixe. En un mot, cette politique est raisonnable et utile aujourd'hui en tant que simplement provisoire ; mais devient absurde et dangereuse si on veut la regarder comme définitive.

Tels sont les motifs pour lesquels nous n'avons fait ci-dessus aucune mention de cette manière de voir dans l'examen des opinions existantes sur la réorganisation sociale.

cillations successives qui s'effectuent tantôt dans un sens, tantôt dans l'autre, suivant que la marche naturelle des événements manifeste spécialement ou l'absurdité de l'ancien système, ou le danger de l'anarchie, tel est en ce moment le mécanisme de la politique pratique et tel il sera inévitablement tant que les idées ne seront pas fixées sur la manière de réorganiser la société ; tant qu'il n'aura pas été produit une opinion capable de remplir à la fois ces deux grandes conditions que prescrit notre époque et qui jusqu'à présent ont paru contradictoires, l'abandon de l'ancien système, et l'établissement d'un ordre régulier et stable.

Cette annulation réciproque des deux doctrines opposées, sensibles même dans les opinions, est surtout incontestable dans les actes. Qu'on examine, en effet, tous les événements de quelque importance, qui se sont développés depuis dix ans, soit avec la tendance critique, soit avec la tendance rétrograde, on trouvera que jamais ils n'ont fait faire aucun progrès réel au système correspondant et que le résultat en a toujours été, uniquement, d'empêcher la prépondérance du système opposé.

Ainsi, en résumé, non-seulement ni l'opinion

des rois ni l'opinion des peuples ne peuvent aucunement satisfaire le besoin fondamental de réorganisation qui caractérise l'époque actuelle ; ce qui établit la nécessité d'une nouvelle doctrine générale : mais le triomphe de l'une et de l'autre opinion est aujourd'hui également impossible : et même ni l'une ni l'autre ne peuvent plus avoir de véritable activité : d'où il résulte que les esprits sont suffisamment préparés pour recevoir la doctrine organique.

La destination de la société parvenue à sa maturité, n'est point d'habiter à tout jamais la vieille et chétive masure qu'elle bâtit dans son enfance, comme le pensent les rois ; ni de vivre éternellement sans abri après l'avoir quitté, comme le pensent les peuples ; mais, à l'aide de l'expérience qu'elle a acquise, de se construire avec tous les matériaux qu'elle a amassés, l'édifice le mieux approprié à ses besoins et à ses jouissances. Telle est la grande et noble entreprise réservée à la génération actuelle.

EXPOSÉ GÉNÉRAL

L'esprit dans lequel la réorganisation de la société a été conçu jusqu'à présent par les peuples et par les rois étant démontré vicieux, on doit nécessairement en conclure que les uns et les autres ont mal procédé à la formation du plan de réorganisation ; c'est la seule explication possible d'un fait semblable ; mais il importe d'établir cette assertion d'une manière directe, spéciale et précise.

L'insuffisance de l'opinion des rois et de celle des peuples a prouvé le besoin d'une nouvelle doctrine vraiment organique, seule capable de terminer la crise terrible qui tourmente la société, de même l'examen de la manière de procéder qui a conduit de part et d'autre à ces résultats imparfaits, montrera quelle marche doit être adoptée pour la formation et pour l'établissement de la nouvelle doctrine ; quelles sont les forces sociales appelées à diriger ce grand travail.

Le vice général de la marche suivie par les peuples et par les rois, dans la recherche du plan de réorganisation, consiste en ce que les uns et les autres se sont fait jusqu'ici une idée extrêmement fausse de la nature d'un tel travail et, par suite, ont confié cette importante mission à des hommes nécessairement incompétents. Telle est la cause première des aberrations fondamentales constatées dans le chapitre précédent.

Quoique cette cause soit tout aussi réelle pour les rois que pour les peuples, il est inutile, néanmoins, de la considérer spécialement par rapport aux premiers; car les rois n'ayant rien inventé, et s'étant bornés à reproduire pour le nouvel état social la doctrine de l'ancien, leur impuissance à concevoir une véritable réorganisation a été, par cela seul, suffisamment constatée. D'un autre côté, pour le même motif, leur marche, quoiqu'aussi absurde dans son principe que celle des peuples, a dû naturellement être plus méthodique, comme étant toute tracée d'avance dans le plus grand détail. Les peuples seuls ayant produit une sorte de doctrine nouvelle, c'est leur manière de procéder qu'il faut principalement examiner, afin d'y découvrir la source des vices

de cette doctrine. Il sera d'ailleurs facile à chacun
de transporter ensuite aux rois, avec les modifications convenables, les observations générales
faites à l'égard des peuples.

La multiplicité des prétendues constitutions
enfantées par les peuples depuis le commencement de la crise, et l'excessive minutie de rédaction qui se rencontre plus ou moins dans toutes,
suffiraient seules pour montrer avec une pleine
évidence à tout esprit capable d'en juger, combien la nature et la difficulté de la formation d'un
plan de réorganisation ont été méconnues jusqu'à présent. Ce sera un profond sujet d'étonne-
ment pour nos neveux, lorsque la société sera
vraiment réorganisée, que la production, dans
un intervalle de trente ans, de dix constitutions,
toujours proclamées, l'une après l'autre, éter-
nelles, irrévocables, et dont plusieurs contien-
nent plus de deux cents articles très détaillés,
sans compter les lois organiques qui s'y rattachent. Un tel verbiage serait la honte de l'esprit
humain en politique, si, dans le progrès naturel
des idées, il n'était pas une transition inévitable
vers la vraie doctrine finale.

Ce n'est point ainsi que marche ni que peut
marcher la société. La prétention de construire

d'un seul jet, en quelques mois, ou même en
quelques années, toute l'économie d'un système
social dans son développement intégral et définitif, est une chimère extravagante absolument
incompatible avec la faiblesse de l'esprit humain.

Qu'on observe, en effet, la manière dont il procède dans les cas analogues, mais infiniment plus
simples. Quand une science quelconque se re-
constitue d'après une théorie nouvelle déjà suffisamment préparée, le principe général se produit, se discute et s'établit d'abord ; c'est ensuite
par un long enchaînement de travaux qu'on par-
vient à former, pour toutes les parties de la
science, une coordonnation que personne, à l'o-
rigine, n'aurait été en état de concevoir, pas
même l'inventeur du principe. C'est ainsi, par
exemple, qu'après que Newton a eu découvert
la loi de la gravitation universelle, il a fallu plus
d'un siècle de travaux très-difficiles, de la part de
tous les géomètres de l'Europe, pour donner à
l'astronomie physique la constitution qui devait
résulter de cette loi. Dans les arts il en est de
même ; pour n'en citer qu'un seul exemple, lorsque
la force élastique de la vapeur d'eau a été conçue
comme un nouveau moteur applicable aux machi-

nes, il a fallu également près d'un siècle pour
développer la série des réformes industrielles,
qui étaient les conséquences les plus directes de
cette découverte. Si telle est évidemmment la
marche nécessaire et invariable de l'esprit humain dans des révolutions qui, malgré leur
importance et leurs difficultés, ne sont, cependant, que particulières, combien doit paraître
frivole la marche présomptueuse qui a été suivie
jusqu'à présent dans la révolution la plus générale, la plus importante et la plus difficile de
toutes : celle qui a pour objet la refonte complète du système social.

De ces comparaisons indirectes, mais décisives, qu'on passe aux comparaisons directes, le
résultat est le même ; qu'on étudie les fondations
du système féodal théologique, révolution absolument de même nature que celle de l'époque
actuelle, bien loin que la constitution de ce système ait été produite d'un seul jet, elle n'a pris sa
forme propre et définitive qu'au xi° siècle, c'est-à-
dire plus de cinq siècles après le triomphe général de la doctrine chrétienne dans l'Europe
occidentale, et à l'établissement complet des
peuples du Nord dans l'empire d'Occident. Il serait impossible de concevoir qu'aucun homme de

génie, au vᵉ siècle, eût été en état de tracer d'une manière un peu détaillée le plan de cette Constitution ; quoique le principe fondamental dont elle n'a été que le développement nécessaire fût dès-lors solidement établi, tant sous le rapport temporel que sous le rapport spirituel. Sans doute, à cause du progrès des lumières et de l'essence plus naturelle et plus simple du système à établir aujourd'hui, l'organisation totale de ce système doit se faire avec beaucoup plus de rapidité; mais comme la marche de cette société est nécessairement toujours la même au fond, avec plus ou moins de vitesse, parce qu'elle tient à la nature permanente de la constitution humaine, cette grande expérience n'en prouve pas moins qu'il est absurde de vouloir improviser, jusque dans le plus mince détail le plan total de la réorganisation sociale.

Si cette conclusion avait besoin d'être confirmée, elle le serait en observant la manière dont s'est elle-même établie la doctrine critique adoptée par les peuples. Cette doctrine n'est évidemment que le développement général et l'application du droit individuel d'examen, posé en principe par le protestantisme. Or, il a fallu près de deux siècles, après l'établissement de ce principe, pour que toutes les conséquences importantes en aient été déduites, et que la théorie se soit formée. Il est incontestable que la résistance du système féodal et théologique a beaucoup influé sur la lenteur de cette marche ; mais il n'est pas moins évident quelle n'a pu en être la seule cause, et que cette lenteur a tenu, en grande partie, à la nature même du travail. Or, ce qui est vrai d'une doctrine purement critique, doit l'être à bien plus forte raison de la doctrine réellement organique.

Il faut donc conclure de cette première classe de considération que les peuples n'ont pas compris jusqu'à présent le grand travail de la réorganisation sociale.

En cherchant à préciser en quoi la nature de ce travail a été méconnue, on trouve que c'est pour avoir regardé comme purement pratique une entreprise essentiellement théorique.

La formation d'un plan quelconque d'organisation sociale, se compose nécessairement de deux séries de travaux totalement distinctes par leur objet, ainsi que par le genre de capacité qu'elles exigent. L'une, théorique ou spirituelle, a pour but le développement de l'idée-mère du plan, c'est-à-dire du nouveau principe suivant lequel les relations sociales doivent être coordonnées, et la formation du système d'idées générales, destinées à servir de guide à la société. L'autre, pratique ou temporelle, détermine le mode de répartition du pouvoir et l'ensemble d'institutions administratives les plus conformes à l'esprit du système, tel qu'il a été arrêté par les travaux théoriques, la seconde série étant fondée sur la première, dont elle n'est que la conséquence et la réalisation. C'est par celle-ci que, de toute nécessité, le travail général doit commencer. Elle est l'âme, la partie la plus importante et la plus dificile, quoique seulement préliminaire.

C'est pour n'avoir pas adopté cette division fondamentale, ou, en d'autres termes, pour avoir exclusivement fixé leur attention sur la partie pratique, que les peuples ont été naturellement conduits à concevoir la réorganisation sociale d'après la doctrine vicieuse examinée dans le chapitre précédent. Toutes leurs erreurs sont la conséquence de cette grande déviation primitive; on peut aisément établir cette filiation.

En premier lieu, il est résulté de cette infraction à la loi naturelle de l'esprit humain, que les peuples, tout en croyant construire un nouveau système social, sont restés enfermés dans l'ancien système. Cela était inévitable, puisque l'esprit et le but du nouveau système n'étaient pas déterminés. Il en sera toujours ainsi jusqu'à ce que cette condition indispensable ait été préalablement remplie.

Un système quelconque de société, qu'il soit fait pour une poignée d'hommes, ou pour plusieurs millions, a pour objet définitif de diriger vers un but général d'activité toutes les forces particulières. Car il n'y a *société* que là où s'exerce une action générale et combinée. Dans toute autre hypothèse, il y a seulement agglomération d'un certain nombre d'individus sur un même sol. C'est là ce qui distingue la société humaine de celle des animaux qui vivent en troupes.

Il suit de cette considération que la détermination nette et précise du but d'activité est la première condition et la plus importante d'un véritable ordre social, puisqu'elle fixe le sens dans lequel tout le système doit être conçu.

D'un autre côté, il n'y a que deux buts d'activité possible pour une société, quelque nombreuse qu'elle soit, comme pour un individu isolé. C'est l'action violente sur le reste de l'espèce humaine, ou la conquête et l'action sur la nature pour la modifier à l'avantage de l'homme, ou la production. Toute société qui ne sera pas nettement organisée pour l'un ou l'autre de ces buts, ne serait qu'une association bâtarde et sans caractère. Le but militaire était celui de l'ancien système, le but industriel est celui du nouveau.

Le premier pas à faire dans la réorganisation sociale était donc la proclamation de ce nouveau but. Faute de l'avoir fait, on n'est point encore sorti de l'ancien système, lors même qu'on a cru s'en écarter le plus. Or, il est clair que cette étrange lacune de nos prétendues constitutions a tenu à ce qu'on a voulu organiser en détail, avant que l'ensemble du système eût été conçu. En d'autres termes, elle est résultée de ce qu'on s'est porté exclusivement vers la partie réglementaire de la réorganisation, sans que la partie théorique eût été arrêtée, et sans qu'on eût même pensé à l'établir.

Par une conséquence nécessaire de cette erreur première, on a pris pour un changement total de l'ancien système, de pures modifications. Le fond est essentiellement resté intact; toutes les altérations n'ont porté que sur la forme. On s'est uniquement occupé de fractionner les anciens pouvoirs, et d'en opposer entre elles les différentes branches. Les discussions dirigées vers cet objet ont été regardées, et le sont encore, comme le sublime de la politique, dont elles ne forment qu'un détail subalterne. La direction de la société, la nature des pouvoirs ont été conçues comme toujours les mêmes.

Il est, en outre, essentiel de remarquer que les discussions sur la division des pouvoirs, les seules dont on se soit occupé, ont été, par une autre conséquence de la division primitive, aussi superficielles que possible. Car on a perdu de vue la grande division en pouvoir spirituel et pouvoir temporel, le principal perfectionnement que l'ancien système ait introduit dans la politique générale. L'attention s'étant dirigée tout entière vers la partie pratique de la réorganisation sociale, on a été conduit à cette monstruosité d'une constitution sans pouvoir spirituel, qui, si elle pouvait être durable, serait une véritable et immense rétrogradation vers la barbarie. Tout n'a porté que sur le temporel. On a vu que la division en pouvoir législatif et pouvoir exécutif, n'est évidemment qu'une sous-division.

C'est pour diriger les esprits dans les modifications du système féodal et théologique, que les peuples ont été nécessairement entraînés à concevoir, comme organiques, les principes critiques qui avaient servi à lutter contre l'ancien système, depuis l'époque où sa décadence était devenue sensible, et qui, par cela même, étaient destinés à le modifier. Il ne faut pas négliger d'observer à ce sujet que, tout en méconnaissant, dans le travail général de la réorganisation, la division en série théorique et série pratique, les peuples ont involontairement constaté la nécessité de cette loi dictée par l'impérieuse nature des choses, en y obéissant eux-mêmes dans leurs entreprises de modification de l'ancien système.

Tel est l'enchaînement rigoureux de conséquences, dérivé de l'erreur fondamentale, d'avoir considéré comme purement pratique l'œuvre essentiellement théorique de la réorganisation sociale. C'est ainsi que les peuples en sont venus graduellement à envisager comme un véritable système social nouveau, produit de la civilisation perfectionnée, ce qui n'est que l'ancien système dépouillé par la doctrine critique de tout ce qui constituait sa vigueur, et réduit au misérable état d'un squelette décharné : telle est la véritable génération des erreurs capitales signalées dans le chapitre précédent.

Comme le besoin d'une vraie réorganisation se fait toujours sentir, ce qui aura lieu, inévitablement, jusqu'à ce qu'il soit satisfait, les esprits des peuples s'agitent, ils s'épuisent à chercher de nouvelles combinaisons. Mais, retenus par une destinée inflexible dans le cercle étroit où leur marche vicieuse les a primitivement placés et dont la civilisation les pousse vainement à sortir, c'est dans de nouvelles modifications de l'ancien système, c'est-à-dire, dans des applications encore plus entières de la doctrine critique, qu'ils croient trouver le terme de leurs efforts. Ainsi, de modification en modification, c'est-à-dire, en détruisant de plus en plus le système féodal et théologique, sans jamais le remplacer, les peuples marchent à grands pas vers une complète anarchie, seule issue natuturelle d'une route semblable.

Une telle conclusion prouve évidemment la nécessité urgente et inévitable d'adopter, pour le grand travail de la réorganisation sociale, la marche si clairement dictée par la nature de l'esprit humain. C'est le seul moyen d'échapper aux désastreuses conséquences dont les peuples sont menacés pour avoir suivi une marche différente.

Comme cette assertion est fondamentale, puisqu'elle détermine la véritable direction des
grands travaux politiques qui doivent être entrepris aujourd'hui, on ne saurait l'environner
de trop de lumière. Il est donc utile de rappeler
sommairement les considérations philosophiques
directes sur lesquelles elle est fondée, quoiqu'on pût la regarder comme suffisamment démontrée par l'examen qui vient d'être esquissé
de la marche vicieuse, suivie, jusqu'à présent,
par les peuples.

Il est peu honorable pour la raison humaine
qu'on soit obligé de prouver méthodiquement,
quant à l'entreprise la plus générale et la plus
difficile, la nécessité d'une division qui est aujourd'hui universellement reconnue comme indispensable dans les cas les plus compliqués.

On admet comme une vérité élémentaire, que
l'exploitation d'une manufacture quelconque, la
construction d'une route, d'un pont, la naviga-
tion d'un vaisseau, etc., doivent être dirigées
par des connaissances théoriques préliminaires, et on veut que la réorganisation de la
société soit une affaire de pure pratique à confier
à des routiniers !

Toute opération humaine complète, depuis la

plus simple jusqu'à la plus compliquée, exécutée par un seul individu, ou par un nombre quelconque, se compose inévitablement de deux parties, ou, en d'autres termes, donne lieu à deux sortes de considérations : l'une théorique, l'autre pratique : l'une de conception, l'autre d'exécution ; la première, de toute nécessité, précède la seconde, qu'elle est destinée à diriger. En d'autres termes, il n'y a jamais d'action, sans spéculation préliminaire. Dans l'opération qui semble le plus purement routinière, cette analyse peut être observée ; il n'y a de différence qu'en ce que la théorie est bien ou mal conçue ; l'homme qui prétend, sur quelque point que ce soit, ne pas laisser diriger son esprit par des théories, se borne, comme on sait, à ne pas admettre les progrès théoriques faits par ses contemporains, en conservant des théories devenues surannées, longtemps après qu'elles ont été remplacées. Ainsi, par exemple, ceux qui affectent fièrement de ne pas croire à la médecine, se livrent d'ordinaire, avec une stupide avidité, au charlatanisme le plus grossier.

Dans la première enfance de l'esprit humain, les travaux théoriques et les travaux pratiques sont exécutés par le même individu pour toutes les opérations, ce qui n'empêche pas que, même alors, leur distinction, quoique moins saillante, ne soit très-réelle. Bientôt ces deux ordres de travaux commencent à se séparer, comme exigeant des capacités et des cultures différentes, et, en quelque sorte, opposées. À mesure que l'intelligence collective et individuelle de l'espèce humaine se développe, cette division se prononce et se généralise toujours davantage, et elle devient la source de nouveaux progrès. On peut vraiment mesurer, sous le rapport philosophique, le degré de civilisation d'un peuple par le degré auquel la division de la théorie et de la pratique se trouve poussée, combiné avec le degré d'harmonie qui existe entre elles. Car le grand moyen de civilisation est la séparation des travaux et la combinaison des efforts.

Par l'établissement définitif du christianisme, la division de la théorie et de la pratique fut constituée d'une manière régulière et complète pour les actes généraux de la société, comme elle l'était déjà pour toutes les opérations particulières. Elle fut vivifiée et consolidée par la création d'un pouvoir spirituel, distinct et indépendant du pouvoir temporel, et qui avait avec lui les rapports naturels d'une autorité théorique à une autorité

pratique, modifiés d'après le caractère spécial de
l'ancien système. Cette grande et belle conception a été la cause principale de la vigueur et de
la consistance admirable qui distinguèrent le
système féodal et théologique, dans ses temps
de splendeur. La chute inévitable de ce système
a fait momentanément perdre de vue cette importante division. La philosophie superficielle et
critique du siècle dernier en a méconnu la valeur. Mais il est évident qu'elle doit être précieusement conservée avec toutes les autres conquêtes que l'esprit humain a faites sous l'influence de l'ancien système, et qui ne sauraient
périr avec lui. Elle doit figurer, en première
ligne, entre des pouvoirs spirituels et temporels,
d'une autre nature, dont le système est à établir
aujourd'hui. Sans doute la société ne saurait
être moins complétement organisée au xix⁰ siècle qu'elle ne l'était au xi⁰[1].

S'il faut reconnaître la nécessité de la division en travaux théoriques et travaux pratiques
pour les opérations politiques journalières et
communes, à combien plus forte raison cette

1. Cette grande question de la division du pouvoir spirituel et du pouvoir temporel sera plus tard l'objet d'un
travail spécial.

division, principalement motivée sur la faiblesse de l'esprit humain, n'est-elle pas indispensable dans la vaste opération de la réorganisation totale de la société ? C'est la première condition pour traiter cette grande question de la seule manière proportionnée à son importance.

Ce qu'indique l'observation philosophique est confirmé par l'expérience directe. Aucune innovation importante n'a jamais été introduite dans l'ordre social, sans que les travaux relatifs à sa conception n'aient précédé ceux dont l'objet immédiat était sa mise en action, et ne leur aient servi tout à la fois de guide et d'appui. L'histoire présente à cet égard deux expériences décisives.

La première se rapporte à la formation du système théologique et féodal, événement qui doit être aujourd'hui, pour nous, une source inépuisable d'instruction. L'ensemble d'institutions par lequel ce système s'est constitué complètement au xie siècle, avait évidemment été préparé par les travaux théoriques faits dans les siècles précédents sur l'esprit de ce système, et qui datent de l'élaboration du christianisme par l'école d'Alexandrie. L'établissement du pouvoir pontifical, comme autorité européenne suprême, était la suite nécessaire de ce développement antérieur de la doctrine chrétienne. L'institution générale de la féodalité, fondée sur la réciprocité d'obéissance à protection du faible au fort, n'était également que l'application de cette doctrine au règlement des relations sociales dans l'état de civilisation d'alors. Qui ne voit que l'une et l'autre fondation n'auraient pu avoir lieu sans le développement préliminaire de la théorie chrétienne ?

Le seconde expérience, encore plus palpable, parce qu'elle est presque sous nos yeux, porte sur la marche même des modifications apportées par les peuples à l'ancien système, depuis le commencement de la crise actuelle. Il est clair qu'elles ont été entièrement fondées sur le développement et l'arrangement systématique donnés par la philosophie du xviiie siècle aux principes critiques. Ces travaux, quoique d'un genre de théorie subalterne, en tant que critiques, avaient si bien le caractère théorique ; ils étaient si distincts des travaux pratiques subséquents, que, pas un des hommes qui y ont concouru, ne se figurait, d'une manière un peu nette et étendue, les modifications qu'ils devaient produire dans les générations suivantes. Cette réflexion doit avoir frappé quiconque a comparé attentivement leurs ouvrages avec les modifications pratiques qui leur ont succédé ; et néanmoins que, dans les écrits et dans les discours des hommes, les plus capables parmi ceux qui ont conduit les travaux de nos prétendues constitutions, l'on essaye de supprimer les idées empruntées directement aux philosophes du xviiie siècle, on verra ce qu'il y restera.

En examinant sous le point de vue historique la question qui nous occupe, elle peut être aisément décidée par les considérations suivantes que nous nous bornerons à indiquer ici, devant les développer dans la seconde partie de ce volume.

La société est aujourd'hui désorganisée, et sous le rapport spirituel et sous le rapport temporel, l'anarchie spirituelle a précédé et engendré l'anarchie temporelle. Aujourd'hui même le malaise social dépend beaucoup plus de la première cause que de la seconde ; d'un autre côté, l'étude attentive de la marche de la civilisation prouve que la réorganisation spirituelle de la société est maintenant plus préparée que sa réorganisation temporelle. Ainsi, la première série d'efforts directs pour terminer l'époque révolutionnaire, doit avoir pour objet de réorganiser le pouvoir spirituel, tandis que jusqu'à présent, l'attention ne s'est jamais fixée que sur la refonte du pouvoir temporel.

Il faut évidemment conclure, de toutes les considérations précédentes, l'absolue nécessité de séparer les travaux théoriques de la réorganisation sociale prescrite à l'époque actuelle, d'avec les travaux pratiques, c'est-à-dire de concevoir et d'exécuter ceux qui se rapportent à l'esprit du nouvel ordre social, au système d'idées générales qui doit lui correspondre, isolément de ceux qui ont pour objet le système des relations sociales et le mode administratif qui doivent en résulter. Il ne peut être fait rien d'essentiel et de solide, quant à la partie pratique, tant que la partie théorique n'est pas établie, ou du moins très-avancée. Procéder autrement, ce serait construire sans base, faire passer la forme avant le fond; ce serait, en un mot, prolonger l'erreur fondamentale commise par les peuples, qui vient d'être présentée comme la cause première de toutes leurs aberrations, l'obstacle qu'il faut détruire avant tout, pour que leur vœu de voir la société réorganisée d'une manière proportionnée à l'état des lumières, puisse être enfin réalisé.

Ayant établi la nature des travaux préliminaires qui doivent être exécutés pour que l'organisation du nouveau système social soit fondée sur des bases solides, il est facile de déterminer quelles sont les forces sociales destinées à remplir cette importante mission. C'est ce qui reste à préciser avant d'exposer le plan des travaux à effectuer.

Puisqu'il est maintenant démontré que la manière dont les peuples ont procédé jusqu'ici à la formation du plan de réorganisation est radicalement vicieuse, il serait sans doute superflu d'insister beaucoup pour faire sentir que les hommes auxquels ce grand travail a été confié, étaient absolument incompétents. Il est clair, en effet, que l'un est la conséquence inévitable de l'autre. Les peuples ayant méconnu la nature du travail, ils ne pouvaient point ne pas se tromper dans le choix des hommes appelés à l'exécuter. Par cela même que ces hommes ont été propres à ce travail, tel que les peuples le concevaient, ils ne peuvent pas être capables de le diriger à la manière dont il doit être conçu. L'incapacité de ces mandataires, ou plutôt leur incompétence, a donc été ce qu'elle devait être, car nul n'est propre à deux choses absolument opposées.

C'est principalement la classe des légistes qui a fourni les hommes appelés à diriger les travaux des prétendues constitutions établies depuis

trente ans. La nature des choses les a investis nécessairement de cette fonction, à la manière dont
elle a été conçue jusqu'ici. En effet, comme il ne
s'est agi jusqu'à présent pour les peuples que de
modifier l'ancien système, et que les principes
critiques destinés à diriger ces modifications
étaient pleinement établis, l'éloquence a dû être
la faculté spécialement mise en jeu dans ce travail, et c'est surtout par les légistes que cette
faculté est habituellement cultivée, quoiqu'elle
ne soit que subalterne, puisqu'elle se propose
uniquement de faire triompher telle opinion
donnée, sans participer à sa formation et à son
examen ; elle est par cela même éminemment
propre à la propagation. Ce ne sont pas les légistes qui ont combiné les principes de la doctrine critique, ce sont les métaphysiciens qui, du
reste, forment, sous le rapport spirituel, la classe
correspondante à celle des légistes, sous le rapport temporel ; mais c'est par les légistes que ces
principes ont été répandus. C'est par eux que la
scène politique a été principalement occupée
pendant toute la durée de la lutte immédiate contre le système féodal et théologique. C'était donc
à eux que devait échoir naturellement la direction
des modifications à introduire dans ce système,

d'après la doctrine critique, qu'eux seuls étaient bien habitués à manier.

Il ne saurait évidemment en être de même pour les travaux vraiment organiques dont la nécessité vient d'être démontrée. Ce n'est plus l'éloquence, c'est-à-dire la faculté de persuasion qui doit être spécialement en activité, c'est le raisonnement, c'est-à-dire la faculté d'examen et de coordination. Par cela même que les légistes sont généralement les plus capables, sous le premier rapport, ils sont les plus incapables sous le second. Faisant profession de chercher des moyens pour persuader une opinion quelconque, plus ils acquièrent, par l'exercice, d'habileté dans ce genre de travail, plus ils deviennent impropres à coordonner une théorie d'après ses véritables principes.

Ce n'est donc point d'une vaine question d'amour-propre qu'il s'agit ici ; tout se réduit au rapport nécessaire et exclusif qui existe entre chaque espèce de capacité et chaque nature de travail. Les légistes ont dirigé la formation du plan de réorganisation quand elle était conçue dans un esprit absolument vicieux. Ils ont fait ce qu'ils devaient faire. Appelés pour modifier, pour critiquer, ils ont modifié, critiqué. Il serait

injuste de leur reprocher les défauts d'une direction qu'ils n'ont pas choisie et qu'il ne leur appartient pas de rectifier. Leur influence a été utile
et même indispensable, tant que cette direction
l'a elle-même été. Mais il faut en même temps
reconnaître que cette influence doit cesser quand
une direction tout opposée doit prévaloir. Il est
sans doute très-absurde de prétendre opérer la
réorganisation de la société, en la concevant
comme une affaire purement pratique, et sans
qu'aucun des travaux théoriques nécessaires soit
préalablement exécuté. Mais une absurdité plus
grande encore, ce serait la singulière espérance
de voir s'effectuer une vraie réorganisation par
une assemblée d'orateurs étrangers à toute idée
théorique positive, et choisis sans aucune condition déterminée de capacité par des hommes qui,
pour la plupart, sont encore plus incompétents[1].

La nature des travaux à exécuter indique d'elle-

---

1. Nous sommes très éloignés de conclure, des considérations précédentes, que la classe des légistes ne doive plus
avoir aujourd'hui d'activité politique ; nous avons seulement
voulu établir, d'après les raisonnements que nous venons
d'exposer, que l'état présent de la société exige que la suprême direction des esprits cesse d'appartenir aux légistes,
mais ils n'en sont pas moins appelés, par leur nature, à
seconder, sous des rapports très-importants, la nouvelle
direction générale qui sera imprimée par d'autres. D'abord,
raison de leurs moyens de persuasion et de l'habitude

même, le plus clairement possible, à quelle classe il appartient de les entreprendre. Ces travaux étant théoriques, il est clair que les hommes qui font profession de former des combinaisons théoriques suivies méthodiquement, c'est-à-dire les savants occupés de l'étude des sciences d'observation, sont les seuls dont le genre de capacité et de culture intellectuelle remplissent les conditions nécessaires.

Il serait évidemment monstrueux que lorsque le besoin le plus urgent de la société donne lieu à un travail général du premier ordre d'importance et de difficulté, ce travail ne fût pas dirigé par les plus grandes forces intellectuelles existantes; par celles dont la manière de procéder est universellement reconnue pour la meilleure. Sans doute il se trouve dans les autres portions de la Société des hommes d'une capacité théorique égale et même supérieure à celle du plus

qu'ils ont encore plus qu'aucune autre classe, de se placer au point de vue politique, ils doivent concourir puissamment à l'adoption de la doctrine organique; en second lieu les légistes et surtout ceux d'entre eux qui ont fait une étude approfondie du droit positif, possèdent exclusivement la capacité réglementaire, qui est une des grandes capacités nécessaires à la formation du nouveau système social, qui sera mise en jeu aussitôt que la partie purement spirituelle du travail général de réorganisation sera terminée ou même suffisamment avancée.

grand nombre des savants, car la classification
réelle des individus est loin d'être conforme à la
classification naturelle ou physiologique. Mais
dans un travail aussi essentiel ce sont les classes
qu'il faut considérer, et non les individus ; d'ailleurs, pour ceux-ci même, l'éducation, c'est-à-
dire le système d'habitudes intellectuelles qui
résulte de l'étude des sciences d'observation, est
la seule qui puisse développer d'une manière
convenable leur capacité théorique naturelle. En
un mot, toutes les fois que dans une direction
particulière quelconque, la société a besoin de
travaux théoriques, il est reconnu que c'est à la
classe de savants correspondante, qu'elle doit
s'adresser ; c'est donc l'ensemble du corps scientifique qui est appelé à diriger les travaux théoriques généraux dont la nécessité vient d'être
constatée [1].

1. Nous comprenons ici au nombre des savants, conformément à l'usage ordinaire, les hommes qui, sans consa-
crer leur vie à la culture spéciale d'aucune science d'observation, possèdent la capacité scientifique et ont fait de
l'ensemble des connaissances positives une étude assez approfondie pour s'être pénétrés de leur esprit et s'être familiarisés avec les principales lois des phénomènes naturels

C'est sans doute à cette classe de savants, trop peu nombreuse encore, qu'est réservée l'activité essentielle dans la
formation de la nouvelle doctrine sociale. Les autres savants sont trop absorbés par leurs occupations particulières, et même trop affectés encore de certaines habitudes

Du reste, la nature des choses convenablement interrogée, prévient à cet égard toute divagation, car elle interdit absolument la liberté du choix, en montrant sous plusieurs points de vue distincts, la classe des savants comme la seule propre à exécuter le travail théorique de la réorganisation sociale.

Dans le système à constituer, le pouvoir spirituel sera entre les mains des savants, et le pouvoir temporel appartiendra aux chefs des travaux industriels. Ces deux pouvoirs doivent donc naturellement procéder pour la formation de ce système, comme ils procéderont quand il sera établi, pour son application journalière, à cela

intellectuelles vicieuses, qui résultent aujourd'hui de cette spécialité, pour qu'ils puissent être vraiment actifs dans l'établissement de la science politique. Mais ils n'en rempliront pas moins dans cette grande fondation, une fonction très-importante, quoique passive, celles de juges naturels des travaux. Les résultats obtenus par les hommes qui suivront la nouvelle direction philosophique, n'auront de valeur et d'influence qu'autant qu'ils seront adoptés par les savants spéciaux comme ayant le même caractère que leurs travaux habituels. Nous avons cru devoir donner cette explication pour prévenir une objection qui se présente naturellement à l'esprit de la plupart des lecteurs. Mais, du reste, il est évident que cette distinction entre la portion de la classe scientifique qui doit être active et la portion qui doit être simplement passive dans l'élaboration de la doctrine organique, est tout à fait secondaire et qu'elle n'affecte en rien l'assertion fondamentale établie dans le texte.

près de l'importance supérieure du travail qu'il
faut exécuter aujourd'hui. Il y a dans ce travail
une partie spirituelle qui doit être traitée la première, et une partie temporelle qui le sera con-
sécutivement. Ainsi, c'est aux savants à entreprendre la première série des travaux, et aux
industriels les plus importants à organiser, d'a-
près les bases qu'elle aura établies, le système
administratif. Telle est la marche simple indiquée par la nature des choses, qui enseigne que
les classes mêmes qui sont les éléments des pouvoirs d'un nouveau système et qui doivent un
jour être placées à sa tête, peuvent seules le
constituer, parce qu'elles seules sont capables
d'en bien saisir l'esprit et que, seules, elles sont
poussées dans ce sens par l'impulsion combinée
de leurs habitudes et de leurs intérêts.

·Une autre considération rend encore plus palpable la nécessité de confier aux savants positifs
le travail théorique de la réorganisation sociale.

Il a été observé, dans le chapitre précédent,
que la doctrine critique a produit dans la plupart des têtes, et tend à fortifier de plus en plus
l'habitude de s'établir juge suprême des idées
politiques générales.

Cet état anarchique des intelligences, érigé en

5

principe fondamental, est un obstacle évident à
la réorganisation de la société. Ce serait donc
vainement que des capacités réellement compé-
tentes formeraient la vraie doctrine organique
destinée à terminer la crise actuelle, si, par leur
situation antécédente, elles ne possédaient, ce
fait, le pouvoir reconnu de faire autorité. Sans
cette condition, leur travail, soumis au contrôle
arbitraire et venteux d'une pratique d'inspiration, ne saurait jamais être uniformément adopté.
Or, si l'on jette un coup d'œil sur la société, on
reconnaîtra bientôt que cette influence spirituelle
se trouve aujourd'hui exclusivement entre les
mains des savants. Eux seuls exercent, en matière de théorie, une autorité non contestée.
Ainsi, indépendamment de ce que, seuls, ils sont
compétents pour former la nouvelle doctrine organique, ils sont exclusivement investis de la
force morale nécessaire pour en déterminer l'ad-
mission. Les obstacles que présente pour cela
le préjugé critique de la souveraineté morale,
conçue comme un droit inné dans tout individu,
seraient insurmontables à tout autre qu'à eux.
L'unique levier qui puisse renverser ce préjugé se trouve entre leurs mains. C'est l'habitude contractée peu à peu par la société depuis

la fondation des sciences positives, de se soumettre aux décisions des savants pour toutes les idées théoriques particulières, habitude que les savants étendront aisément aux idées théoriques générales, quand ils se seront chargés de les coordonner.

Ainsi les savants possèdent aujourd'hui, à l'exclusion de toute autre classe, les deux éléments fondamentaux du gouvernement moral, la capacité et l'autorité théorique.

Un dernier caractère essentiel non moins propre que les précédents à la force scientifique, mérite encore d'être indiqué.

La crise actuelle est évidemment commune à tous les peuples de l'Europe occidentale, quoique tous n'y participent point au même degré. Néanmoins elle est traitée par chacun d'eux comme si elle était simplement nationale. Mais il faut évidemment à une crise européenne un traitement européen.

Cet isolement des peuples est une conséquence nécessaire de la chute du système théologique et féodal, par laquelle se sont trouvés dissous les liens spirituels que ce système avait établis entre les peuples de l'Europe et qu'on a vainement essayé de remplacer par un état d'opposi-

tion hostile réciproque, déguisé sous le nom d'é-
quilibre européen. La doctrine critique est inca-
pable de rétablir l'harmonie qu'elle a détruit dans
son ancien principe fondamental ; et, au contraire, elle l'éloigne. D'abord, par sa nature, elle
tend à l'isolement ; et, en second lieu, les peuples
ne sauraient s'entendre complétement sur les
principes mêmes de cette doctrine, parce que
chacun d'eux prétend, d'après elle, modifier l'ancien système à des degrés différents.

La vraie doctrine organique peut seule produire cette union, si impérieusement réclamée
par l'état de la civilisation européenne. Elle doit
forcément la déterminer, en présentant à tous les
peuples de l'Europe occidentale le système d'organisation sociale auquel ils sont tous actuellement appelés, et dont chacun d'eux jouira d'une
manière complète à une époque plus ou moins
rapprochée, suivant l'état spécial de ses lumières. Il faut observer, d'ailleurs, que cette
union sera plus parfaite que celle produite par
l'ancien système, laquelle n'existait que sous le
rapport spirituel, tandis qu'aujourd'hui elle doit
également avoir lieu sous le rapport temporel ;
de sorte que les peuples sont appelés à former
une véritable société générale, complète et per-

manente. Et, en effet, si c'était ici le lieu d'entreprendre un tel examen, il serait aisé de montrer que chacun des peuples de l'Europe occidentale est placé, par la nuance particulière de son état de civilisation, dans la situation la plus favorable pour traiter telle ou telle partie du système général; d'où résulte l'utilité immédiate de leur coopération. Or, il suit de là que ces peuples doivent également travailler en commun à l'établissement du nouveau système.

En considérant sous ce point de vue la nouvelle doctrine organique, il est clair que la force destinée à la former et à l'établir, devant satisfaire à la condition de déterminer la combinaison des différents peuples civilisés, doit être une force européenne. Or, telle est encore la propriété spéciale, non moins exclusive que toutes celles précédemment énumérées, de la force scientifique. Il est sensible que les savants seuls forment une véritable coalition, compacte, acquise, dont tous les membres s'entendent et se correspondent avec facilité et d'une manière continue, d'un bout de l'Europe à l'autre. Cela tient à ce qu'eux seuls aujourd'hui ont des idées communes, un langage uniforme, un but d'activité général et permanent. Aucune autre classe

ne possède ce puissant avantage, parce qu'aucune autre ne remplit ces conditions dans leur
intégrité; les industriels mêmes, si éminemment
portés à l'union par la nature de leurs travaux
et de leurs habitudes, se laissent encore trop
maîtriser par les inspirations hostiles d'un pa-
triotisme sauvage, pour qu'il puisse dès aujour-
d'hui s'établir entre eux une véritable combinaison européenne. C'est à l'action des savants
qu'il est réservé de la produire.

Il est sans doute superflu de démontrer que
la liaison actuelle des savants prendra une in-
tensité beaucoup plus grande, lorsqu'ils dirige-
ront leurs forces générales vers la formation de
la nouvelle doctrine sociale; cette conséquence
est évidente, puisque la force d'un lien social est
nécessairement proportionnée à l'importance
du but de l'association.

Pour bien apprécier, dans toute son étendue.
la valeur de cette force européenne particulière
aux savants. il faut comparer la conduite des
rois, sous le rapport qui nous occupe, à celle
des peuples.

Il a été observé plus haut, que les rois, tout
en se dirigeant d'après un plan absurde dans
son principe, procèdent à son exécution d'une

manière beaucoup plus méthodique que les peuples, parce que la ligne qu'ils suivent est toute décrite dans le passé de la manière la plus détaillée. Ainsi, sous le rapport que nous considérons, les rois combinent leurs efforts dans toute l'Europe, tandis que les peuples s'isolent ; par ce seul fait, les rois ont un avantage relatif sur les peuples, contre lequel ceux-ci ne peuvent lutter par aucun autre moyen, ce qui le rend d'une extrême importance.

Les chefs de l'opinion des peuples n'ont d'autre ressource que de se récrier contre une telle supériorité de position, qui n'en existe pas moins pour cela. Ils proclament, en thèse générale, que les différents états n'ont aucun droit d'intervenir dans les réformes sociales les uns des autres. Or, ce principe, qui n'est autre chose que l'application de la doctrine critique aux relations extérieures, est absolument faux comme tous les autres dogmes qui les composent ; il n'est, comme eux, que la généralisation vicieuse d'un fait transitoire, la dissolution des liens qui existaient, sous l'influence de l'ancien système, entre les nations européennes. Il est clair que les peuples de l'Europe occidentale, par la conformité et l'enchaînement de leur civilisation, envisagée soit dans son développement successif, soit dans son état actuel, forment une grande nation, dont les membres ont réciproquement des droits, moins étendus sans doute, mais de même nature que ceux des différentes portions d'un état unique.

D'ailleurs, on voit que cette idée critique, fût-elle vraie, n'atteint pas son but, et l'éloigne même, puisqu'elle tend à empêcher les peuples de s'unir; comme une force ne peut être contenue que par une autre, les peuples seront évidemment, sous le rapport européen, dans un état d'infériorité à l'égard des rois, tant que la force des savants, seule européenne, ne présidera point au grand travail de la réorganisation sociale. Elle seule peut être, pour les peuples, l'équivalent réel de la Sainte-Alliance, à cela près de la supériorité nécessaire d'une coalition spirituelle sur une coalition purement temporelle.

Ainsi, en dernière analyse, la nécessité de confier aux savants les travaux théoriques préliminaires reconnus indispensables pour réorganiser la société, se trouve solidement fondée sur quatre considérations distinctes dont chacune suffirait seule pour l'établir. 1° Les savants, par leur genre de capacité et de culture intellectuelle, sont seuls compétents pour exécuter ces travaux ; 2° cette fonction leur est destinée par la nature des choses, comme étant le pouvoir spirituel du système à organiser ; 3° ils possèdent exclusivement l'autorité morale nécessaire aujourd'hui pour déterminer l'adoption de la nouvelle doctrine organique lorsqu'elle sera formée ; 4° enfin, de toutes les forces sociales existantes, celle des savants est la seule qui soit européenne. Un tel ensemble de preuves doit, sans doute, mettre la grande mission théorique des savants à l'abri de toute incertitude et de toute contestation.

Il résulte de tout ce qui précède, que les erreurs capitales commises par les peuples dans leur manière de concevoir la réorganisation de la société, ont, pour cause première, la marche vicieuse d'après laquelle ils ont procédé à cette organisation ; que le vice de cette marche consiste en ce que la réorganisation sociale a été regardée comme une opération purement pratique, tandis qu'elle est essentiellement théorique ; que la nature des choses et les expériences historiques les plus convaincantes, prouvent la nécessité absolue de diviser le travail total de la réorganisation en deux séries, l'une théorique, l'autre pratique, dont la première doit être préalablement exécutée, et est destinée à servir de base à la seconde; que l'exécution préliminaire des travaux théoriques exige la mise en activité d'une nouvelle force sociale, distincte de celles qui ont jusqu'ici occupé la scène, et qui sont absolument incompétentes; enfin, que par plusieurs raisons très-décisives, cette nouvelle force doit être celle des savants adonnés à l'étude des sciences d'observation.

L'ensemble de ces idées peut être envisagé comme ayant pour objet de porter par degrés l'esprit des hommes méditatifs au point de vue élevé d'où on peut embrasser d'un seul coup d'œil général, et les vices de la marche suivie jusqu'à présent pour réorganiser la société, et le caractère de celle qui doit être adoptée aujourd'hui. Tout se réduit, en dernier lieu, à faire établir pour la politique, par les forces combinées des savants européens, une théorie positive, distincte de la pratique, et ayant pour objet la conception du nouveau système social correspondant à l'état présent des lumières. Or, en y réfléchissant, on verra que cette conclusion se résume dans cette seule idée : *les savants doi-*

*vent aujourd'hui élever la politique au rang
des sciences d'observation.*

Tel est le point culminant et définitif auquel
il faut se placer; de ce point de vue, il est aisé
de resserrer dans une série de considérations
très-simples, la substance de tout ce qui a été
dit depuis le commencement de cet ouvrage. Il
reste à faire cette importante généralisation, qui
peut seule fournir les moyens d'aller plus loin,
en permettant de rendre la pensée plus rapide.

Par la nature même de l'esprit humain,
chaque branche de nos connaissances est nécessairement assujettie dans sa marche à passer
successivement par trois états théoriques différents : l'état théologique ou fictif ; l'état métaphysique ou abstrait, l'état scientifique ou positif.

Dans le premier, des idées surnaturelles servent à lier le petit nombre d'observations isolées dont la science se compose alors; en d'autres termes, les faits observés sont expliqués,
c'est-à-dire, *vus à priori,* d'après des faits in-
ventés. Cet état est nécessairement celui de toute
science au berceau ; quelque imparfait qu'il soit,
c'est le seul mode de liaison possible à cette
époque. Il fournit, par conséquent, le seul ins-

trument au moyen duquel on peut raisonner sur les faits, en soutenant l'activité de l'esprit, qui a besoin par dessus tout d'un point de ralliement quelconque; en un mot, il est indispensable pour permettre d'aller plus loin.

Le second état est uniquement destiné à servir de moyen de transition du premier vers le troisième; son caractère est bâtard, il lie les faits d'après les idées qui ne sont plus tout à fait surnaturelles et qui ne sont pas encore entièrement naturelles; en un mot, ces idées sont des abstractions personnifiées, dans lesquelles l'esprit peut voir à volonté ou le nom mystique d'une cause surnaturelle, ou l'énoncé abstrait d'une simple série de phénomènes, suivant qu'il est plus près de l'état théologique ou de l'état scientifique. Cet état métaphysique suppose que les faits, devenus plus nombreux, se sont en même temps rapprochés d'après des analogies plus étendues.

Le troisième état est le mode définitif de toute science quelconque, les deux premiers n'ayant été destinés qu'à le préparer graduellement. Alors, les faits sont liés d'après des idées ou lois générales d'un ordre entièrement positif, suggérées et confirmées par les faits eux-mêmes.

qui souvent même ne sont que de simples faits
assez généraux pour devenir des principes. On
tâche de les réduire toujours au plus petit
nombre possible, mais sans jamais imaginer
rien d'hypothétique qui ne soit de nature à être
vérifié un jour par l'observation, et en ne les
regardant, dans tous les cas, que comme un
moyen d'expression générale pour les phénomènes.

Les hommes auxquels la marche des sciences
est familière, peuvent aisément vérifier l'exactitude de ce résumé historique général, par
rapport aux quatre sciences fondamentales,
aujourd'hui positives : l'astronomie, la physique,
la chimie et la physiologie, aussi bien que pour
les sciences qui s'y rattachent ; ceux même qui
n'ont considéré les sciences que dans leur état
présent, peuvent faire cette vérification pour la
physiologie qui, quoique devenue enfin aussi
positive que les trois autres, existe encore, sous
les trois formes, dans les différentes classes
d'esprit inégalement contemporaines. Ce fait est
surtout manifeste pour la portion de cette
science qui considère les phénomènes, spécialement appelés *moraux*, conçus par les uns comme
le résultat d'une action surnaturelle continue,

par d'autres, comme les effets incompréhensibles
de l'activité d'un être abstrait, et par d'autres,
enfin, comme tenant à des conditions organiques
susceptibles d'être démontrées et au delà desquelles on ne saurait remonter.

En considérant la politique comme une
science, et lui appliquant les observations précédentes, on trouve qu'elle a déjà passé par les
deux premiers états et qu'elle est prête aujour-
d'hui à atteindre au troisième. La doctrine des
rois représente l'état théologique de la politique.
C'est effectivement sur les idées théologiques
qu'elle est fondée en dernière analyse ; elle montre
l's relations sociales comme basées sur l'idée surnaturelle du droit divin, elle explique les changements politiques successifs de l'espèce humaine,
par une direction surnaturelle immédiate, exercée
d'une manière continue depuis le premier homme
jusqu'à présent. C'est ainsi que la politique a
été uniquement conçue, jusqu'à ce que l'ancien
système ait commencé à décliner.

La doctrine des peuples exprime l'état métaphysique de la politique : elle est fondée en totalité sur la supposition abstraite et métaphysique
d'un contrat social primitif, antérieur à tout développement des facultés humaines par la civili-

sation; les moyens habituels de raisonnement qu'elle emploie, sont les droits, envisagés comme naturels et communs à tous les hommes au même degré, qu'elle fait garantir par ce contrat. Telle est la doctrine primitivement critique tirée, à l'origine de la théologie, pour lutter contre l'ancien système, et qui, ensuite, a été envisagée comme organique. C'est Rousseau principalement qui l'a résumée sous une forme systématique, dans un ouvrage qui a servi et qui sert encore de base aux considérations vulgaires sur l'organisation sociale.

Enfin, la doctrine scientifique de la politique considère l'état social sous lequel l'espèce humaine a toujours été trouvée par les observations, comme la conséquence nécessaire de son organisation; elle conçoit le but de cet état social comme déterminé par le rang que l'homme occupe dans le système naturel, tel qu'il est fixé par les faits, et sans être envisagé comme susceptible d'explication; elle voit, en effet, résulter de ce rapport fondamental la tendance constante de l'homme à agir sur le surplus de la nature, pour la modifier à son avantage; elle considère ensuite l'ordre social comme ayant pour objet final de développer collectivement cette tendance naturelle, de la régulariser et de la concerter pour que l'action utile produite soit la plus grande possible ; cela posé, elle essaye de rattacher aux lois fondamentales de l'organisation humaine, par des observations directes sur le développement collectif de l'espèce, la marche qu'elle a suivie et les états intermédiaires par lesquels elle a été assujettie à passer avant de parvenir à cet état définitif. En se dirigeant, d'après cette série d'observations, elle envisage les perfectionnements réservés à chaque époque comme dictés, à l'abri de toute hypothèse, par le point de ce développement auquel l'espèce humaine est parvenue ; elle conçoit ensuite, pour chaque degré de civilisation, les combinaisons politiques comme ayant uniquement pour objet de faciliter les pas qui tendent à se faire après qu'ils ont été déterminés avec précision.

Tel est l'esprit de la doctrine positive qu'il s'agit d'établir aujourd'hui, en se proposant pour but d'en faire application à l'état présent de l'espèce humaine civilisée, et en ne considérant les états antérieurs que comme nécessaires à observer pour établir les lois fondamentales de la science.

Il est aisé de s'expliquer tout à la fois pour-

quoi la politique n'a pas pu devenir plus tôt une
science positive, et pourquoi elle y est appelée
aujourd'hui.

Deux conditions fondamentales, distinctes,
quoique inséparables, étaient indispensables
pour cela.

En premier lieu, il fallait que toutes les
sciences particulières fussent successivement
devenues positives ; car l'ensemble ne pouvait
être tel quand tous les éléments ne l'étaient pas.
Cette condition est aujourd'hui remplie.

Les sciences sont devenues positives, l'une
après l'autre, dans l'ordre où il était naturel
que cette révolution s'opérât. Cet ordre est celui
du degré de complication plus ou moins grand
de leurs phénomènes, ou, en d'autres termes,
de leur rapport plus ou moins intime avec
l'homme. Ainsi, les phénomènes astronomiques
d'abord, comme étant les plus simples, et ensuite, successivement, les physiques, les chimiques et les physiologiques ont été ramenés à
des théories positives ; ceux-ci à une époque
toute récente. La même réforme ne pouvait s'effectuer qu'en dernier lieu pour les phénomènes
politiques, qui sont les plus compliqués, puisqu'ils dépendent de tous les autres. Mais il est

évidemment aussi nécessaire qu'elle s'effectue, alors qu'il eût été impossible qu'elle arrivât plus tôt.

En second lieu, il fallait que le système social préparatoire, dans lequel l'action sur la nature n'était que le but indirect de la société, fût parvenu à sa dernière époque.

D'une part, en effet, la théorie ne pouvait jusqu'alors s'établir parce qu'elle aurait été trop en avant de la pratique; étant destinée à la diriger, elle ne saurait la devancer jusqu'au point de la perdre de vue. D'une autre part, elle n'aurait pas eu plus tôt une base expérimentale suffisante. Il fallait l'établissement d'un système d'ordre social, admis par une population très-nombreuse et composée de plusieurs grandes nations, et toute la durée possible de ce système, pour qu'une théorie pût se fonder sur cette vaste expérience.

Cette seconde condition est aujourd'hui satisfaite, aussi bien que la première. Le système théologique, destiné à préparer l'esprit humain au système scientifique, est parvenu au terme de sa carrière. Cela est incontestable, puisque le système métaphysique, dont l'unique objet est de renverser le système théologique, a gé-

néralement obtenu la prépondérance parmi les
peuples. La politique scientifique doit donc naturellement s'établir, puisque, vu l'impossibilité
absolue de se passer d'une théorie, il faudrait,
si cela n'avait pas lieu, supposer que la politique
théologique se reconstituât; la politique métaphysique n'étant pas, à proprement parler, une
vraie théorie, mais une doctrine critique bonne
seulement pour une transition.

En résumé, il n'y a donc jamais eu de révolution morale à la fois plus inévitable, plus
mûre et plus urgente, que celle qui doit maintenant élever la politique au rang des sciences
d'observation entre les mains des savants européens combinés. Cette révolution peut seule
faire intervenir, dans la grande crise actuelle,
une force vraiment prépondérante, seule capable
de régler et de préserver la société des explosions terribles et anarchiques dont elle est
menacée, en la plaçant dans la véritable route
du système social perfectionné que réclame impérieusement l'état de ses lumières.

Pour mettre en activité le plus promptement
possible les forces scientifiques destinées à
remplir cette salutaire mission, il fallait présenter le prospectus général des travaux théo-

riques à exécuter pour réorganiser la société, en élevant la politique au rang des sciences d'observation. Nous avons osé concevoir ce plan, et nous le proposons solennellement aux savants de l'Europe.

Profondément convaincu que, lorsque cette discussion sera engagée, notre plan adopté ou rejeté, conduira nécessairement à la formation du plan définitif, nous ne craignons pas de sommer tous les savants européens, au nom de la société, menacée d'une longue et terrible agonie dont leur intervention peut seule la préserver, d'émettre publiquement et librement leur opinion motivée par rapport au tableau général de travaux organiques que nous leur soumettons.

Ce prospectus se compose de trois séries de travaux. La première a pour objet la formation du système d'observations historiques sur la marche générale de l'esprit humain, destiné à être la base positive de la politique, de manière à lui faire perdre entièrement le caractère théologique et le caractère métaphysique, pour lui imprimer le caractère scientifique.

Le second tend à fonder le système complet d'éducation positive qui convient à la société régénérée, se constituant pour agir sur la nature,

ou, en d'autres termes, elle se propose de perfectionner cette action en tant qu'elle dépend des
facultés de l'agent.

La troisième, enfin, consiste dans l'exposition générale de l'action collective que, dans l'é-
tat actuel de toutes leurs connaissances, les
hommes civilisés peuvent exercer sur la nature
pour la modifier à leur avantage, en dirigeant
toutes leurs forces vers ce but, en n'envisageant
les combinaisons sociales que comme des
moyens d'y atteindre.

PREMIÈRE SÉRIE DES TRAVAUX.

La condition fondamentale à remplir, pour
traiter la politique d'une manière positive, consiste à déterminer avec précision les limites
dans lesquelles sont renfermées, par la nature
des choses, les combinaisons d'ordre social; en
d'autres termes, il faut que dans la politique, à
l'exemple des autres sciences, le rôle de l'observation et celui de l'imagination soient rendus
parfaitement distincts, et que le second soit sub-
ordonné au premier.

Pour présenter dans tout son jour cette idée

capitale, il est nécessaire de comparer l'esprit
général de la politique positive, avec celui de la
politique théologique et de la politique métaphysique. Afin de simplifier ce parallèle, on doit en-
velopper ces deux-ci dans une même considération ; ce qui ne saurait altérer les résultats, puisque, d'après le chapitre précédent, le seconde
n'est au fond qu'une nuance de la première, dont
elle ne diffère essentiellement que par un caractère moins prononcé.

L'état théologique et l'état métaphysique d'une
science quelconque ont pour caractère commun
la prédominance de l'imagination sur l'observation. La seule différence qui existe entre eux,
sous ce point de vue, c'est que l'imagination
s'exerce, dans le premier, sur des êtres surnaturels, et dans le second sur des abstractions personnifiées.

La conséquence nécessaire et constante d'un
tel état de l'esprit humain, est de persuader à
l'homme que, sous tous les rapports, il est le
centre du système naturel, et, par suite, qu'il est
doué d'une puissance d'action indéfinie sur les
phénomènes. Cette persuasion résulte évidemment, d'une manière directe, de la suprématie
exercée par l'imagination qui se combine avec le

penchant organique, en vertu duquel l'homme est porté à se former, en général, des idées exagérées de son importance et de son pouvoir. Une telle illusion forme le trait caractéristique le plus sensible de cette enfance de la raison humaine.

Considérées au point de vue philosophique, les révolutions qui ont fait passer les différentes sciences à l'état positif, ont eu pour effet général d'établir, en sens inverse, cet ordre primitif de nos idées. Le caractère fondamental de ces révolutions a été de transporter à l'observation la prépondérance jusqu'alors exercée par l'imagination. Par suite, les conséquences ont été également renversées. L'homme a été déplacé du centre de la nature, pour se placer au rang qu'il y occupe effectivement. De même, son action a été renfermée dans ses limites réelles, en la réduisant à modifier plus ou moins, les uns par les autres, un certain nombre de phénomènes qu'il est destiné à observer. Il sufît d'indiquer l'aperçu historique précédent, pour qu'il soit aussitôt vérifié, à l'égard des sciences, aujourd'hui positives, par tous ceux qui en ont des notions claires.

Ainsi, en astronomie, l'homme a commencé par regarder les phénomènes célestes, sinon comme soumis à son influence, du moins comme

ayant, avec tous les détails de son existence, des
rapports directs et intimes ; il a fallu toute la
puissance des démonstrations les plus fortes et
les plus multipliées, pour qu'il se résignât à
n'occuper qu'une place subalterne et imperceptible dans le système général de l'univers. De
même, en chimie, il a cru d'abord pouvoir modifier au gré de ses désirs la nature intime des
corps, avant de se réduire à observer les effets
de l'action réciproque des différentes substances
terrestres. Pareillement, en médecine, c'est après
avoir longtemps espéré de rectifier à volonté les
dérangements de son organisation, et même de
résister indéfiniment aux causes de destruction,
qu'il a enfin reconnu que son action était nulle
quand elle ne concourait pas avec celle de l'organisation, et à plus forte raison lorsqu'elle lui
était opposée.

La politique n'a pas échappé plus que les autres sciences à cette loi fondée sur la nature des
choses. L'état dans lequel elle s'est toujours trouvée jusqu'à présent, et dans lequel elle se trouve
encore, correspond avec une analogie parfaite à
ce qu'était l'astrologie pour l'astronomie, l'alchi-
mie pour la chimie et la recherche de la panacée
universelle pour la médecine.

Cette prépondérance de l'imagination a dû avoir nécessairement, pour la politique, des conséquences analogues à celles ci-dessus décrites pour les autres sciences. C'est ce qu'on peut aisément vérifier par des observations directes sur l'esprit commun de la politique théologique et de la politique métaphysique considérées du point de vue théorique.

L'homme a cru jusqu'à présent à la puissance illimitée de ses combinaisons politiques pour le perfectionnement de l'ordre social. En d'autres termes, l'espèce humaine a été envisagée jusqu'ici en politique comme n'ayant pas d'impulsion qui lui soit propre, comme pouvant toujours recevoir passivement celle quelconque que le législateur, armé d'une autorité suffisante, voudra bien lui donner.

Par une conséquence nécessaire, l'absolu a toujours régné et règne encore dans la politique théorique , soit théologique, soit métaphysique. Le but commun qu'elles se proposent est d'établir, chacune à sa manière, le type éternel de l'ordre le plus parfait, sans avoir en vue aucun état de civilisation déterminé. L'une et l'autre prétendent avoir trouvé exclusivement un système d'institution qui atteint ce but. La seule

chose qui les distingue à cet égard, c'est que la
première interdit formellement toute modification
importante au plan qu'elle a tracé, tandis que la
seconde permet l'examen, pourvu qu'il soit dirigé dans le même sens. A cela près, leur caractère est absolu.

Cet absolu est encore plus sensible dans leurs
applications à la politique pratique. Chacune
d'elles voit dans son système d'institutions une
sorte de panacée universelle applicable, avec une
infaillible sécurité, à tous les maux politiques de
quelque nature qu'ils puissent être, et quel que
soit le degré actuel de civilisation du peuple auquel le remède est destiné. De même aussi, toutes
deux jugent le régime des différents peuples aux
diverses époques de civilisation, uniquement
d'après leur plus ou moins de conformité ou d'opposition avec le type invariable de perfection
qu'elles ont établi. Ainsi, pour en citer un exemple récent et sensible, les partisans de la politique théologique et ceux de la politique métaphysique, ont proclamé tour à tour et à très-peu
d'intervalle, l'organisation sociale de l'Espagne
supérieure à celle des nations européennes les
plus avancées, sans que ni les uns ni les autres
aient tenu aucun compte de l'infériorité actuelle

des Espagnols en civilisation, à l'égard des Français et des Anglais, au-dessus desquels on les a placés, quant au régime politique. De tels jugements, qu'il serait aisé de multiplier, montrent avec évidence combien il est dans l'esprit de la politique théologique et de la politique métaphysique, de faire abstraction totale de l'état de la civilisation.

Il importe de remarquer à cet égard, pour achever de les caractériser, qu'elles s'accordent en général, par des motifs différents, à faire coïncider la perfection de l'organisation sociale avec un état de civilisation très-imparfait. On voit même que les partisans les plus conséquents de la politique métaphysique, tel que Rousseau qui l'a coordonnée, ont été conduits jusqu'à regarder l'état social comme une dégénération d'un état de nature composé par leur imagination, ce qui n'est que l'analogue métaphysique de l'idée théologique relative à la dégradation de l'espèce humaine par le péché originel.

Ce résumé exact confirme que la prépondérance de l'imagination sur l'observation, a produit, en politique, des résultats parfaitement semblables à ceux qu'elle avait engendrés dans les autres sciences, avant qu'elles fussent deve-

nues positives. La recherche absolue du meilleur gouvernement possible, abstraction faite de
l'état de civilisation, est évidemment tout à fait
du même ordre que celle d'un traitement général applicable à toutes les maladies et à tous
les tempéraments.

En cherchant à réduire à sa plus simple expression l'esprit général de la politique théologique et métaphysique, on voit, par ce qui précède, qu'il se ramène à deux considérations essentielles. Relativement à la manière de procéder, il consiste dans la prééminence de l'imagination sur l'observation. Relativement aux
idées générales destinées à diriger les travaux,
il consiste, d'une part, à envisager l'organisation sociale d'une manière abstraite, c'est-à-dire,
comme indépendante de l'état de la civilisation,
d'une autre part, à regarder la marche de la civilisation comme n'étant assujettie à aucune
loi.

En prenant cet esprit en sens inverse, on doit
nécessairement trouver celui de la politique positive, puisque la même opposition s'observe
d'après ce qui a été établi ci-dessus, entre l'état
conjectural et l'état positif de toutes les autres -
sciences. On ne fera par cette opération intellec-

tuelle, qu'étendre à l'avenir l'analogie observée dans le passé. En effectuant l'opération on est conduit aux résultats suivants :

En premier lieu, pour rendre positive la science politique, il faut y introduire, comme dans les autres sciences, la prépondérance de l'observation sur l'imagination. En second lieu, pour que cette idée fondamentale puisse être réalisée, il faut concevoir, d'une part, l'organisation sociale comme intimement liée avec l'état de civilisation et déterminé par lui; d'une autre part, il faut considérer la marche de la civilisation comme assujettie à une loi invariable fondée sur la nature des choses. La politique ne saurait devenir positive, ou, ce qui revient au même, l'observation ne pourrait y prendre le dessus sur l'imagination, tant que ces deux dernières conditions ne seront pas remplies. Mais il est clair, réciproquement, que si elles le sont, si la théorie de la politique est tout entière dans cet esprit, l'imagination se trouvera, par le fait, subordonnée à la politique positive. Ainsi, c'est à ces deux conditions que tout se ramène en dernière analyse.

Telles sont donc les deux idées capitales qui doivent présider aux travaux positifs sur la po-

litique théorique. Vu leur extrême importance. il
est indispensable de les considérer dans un plus
grand détail. Il ne s'agit point ici d'en établir la
démonstration, qui sera précisément le résultat
des travaux à effectuer. Il est uniquement question d'en présenter un énoncé assez complet
pour que les esprits capables d'en juger puissent
en faire une sorte de vérification anticipée, en
les comparant aux faits généralement connus.
vérification suffisante pour se convaincre de la
possibilité de traiter la politique à la manière
des sciences d'observation. Notre but principal
sera atteint, si nous avons donné naissance à
cette conviction.

La civilisation consiste, à proprement parler,
dans le développement de l'esprit humain, d'une
part, et, de l'autre, dans le développement de
l'action de l'homme sur la nature, qui en est la
conséquence. En d'autres termes, les éléments
dont se compose l'idée de civilisation, sont .
les sciences, les beaux-arts et l'industrie; cette
dernière expression étant prise dans le sens le
plus étendu, celui que nous lui avons toujours
donné.

En considérant la civilisation sous ce point
de vue précis et élémentaire, il est aisé de sentir

.

que l'état de l'organisation sociale est essentiellement dépendant de celui de la civilisation, et
qu'il en doit être regardé comme une conséquence, tandis que la politique d'imagination
l'envisage comme en étant isolé et même tout à
fait indépendant.

L'état de civilisation détermine nécessairement celui de l'organisation sociale, soit au spirituel, soit au temporel, sous les deux rapports
les plus importants. D'abord il en détermine la
nature, car il fixe le but d'activité de la société ;
de plus, il en prescrit la forme essentielle, car il
crée et développe les forces sociales temporelles
et spirituelles destinées à diriger cette activité
générale. Il est clair, en effet, que l'activité collective du corps social n'étant que la somme des
activités individuelles de tous ses membres, dirigées vers un but commun, ne saurait être d'une
autre nature que ses éléments, qui sont évidemment déterminés par l'état plus ou moins avancé
des sciences, des beaux-arts et de l'industrie. Il
est encore plus sensible qu'il y aurait impossibilité à concevoir l'existence prolongée d'un système politique, qui n'investirait pas du pouvoir
suprême les forces sociales prépondérantes, dont
la nature est prescrite invariablement par l'état

de la civilisation. Ce que le raisonnement indique, l'expérience le confirme.

Toutes les variétés d'organisations sociales, qui ont existé jusqu'à présent, n'ont été que des modifications plus ou moins étendues d'un système unique, le système militaire et théologique. La formation primitive de ce système a été une conséquence évidente et néce-saire de l'état imparfait de la civilisation à cette époque. L'industrie étant dans l'enfance, la société a dû naturellement prendre la guerre pour but d'activité, surtout si l'on considère qu'un tel état de choses en facilitait les moyens, en même temps qu'il en imposait la loi par les stimulants les plus énergiques qui agissent sur l'homme, le besoin d'exercer ses facultés et celui de vivre. De même, il est clair que l'état théologique dans lequel se trouvaient alors toutes les idées théologiques particulières, imprimait forcément le même caractère aux idées générales destinées à servir de lien social. Le troisième élément de civilisation, les beaux-arts, était alors prédominant, et c'est lui, en effet, qui a principalement fondé, d'une manière régulière, cette première organisation. S'il ne se fût pas développé, il serait impossible d'imaginer comment la Société eût pu s'organiser.

Si l'on observe ensuite les modifications successives que ce système primitif a éprouvées jusqu'à nos jours, et qui ont été prises par les métaphysiciens pour autant de systèmes différents,
on trouvera le même résultat. On verra dans
toutes des effets inévitables de l'extension toujours croissante acquise par l'élément scientifique et l'élément industriel, presque nuls à l'origine. C'est ainsi que le passage du polythéisme
au théisme, et, plus tard, la réforme du protestantisme, ont été produits principalement par
les progrès continus, quoique lents, des connaissances positives, ou, en d'autres termes, par
l'action exercée sur les anciennes idées générales,
par les idées particulières qui avaient cessé peu
à peu d'être du même ordre qu'elles. De même,
sous le rapport temporel, le passage de l'état
romain à l'état féodal; et, plus clairement encore,
la décadence de celui-ci par l'affranchissement
des communes et ses suites, doivent être essentiellement rapportés à l'importance progressive
de l'élément industriel. En un mot, tous les faits
généraux constatent l'étroite dépendance de l'organisation sociale par rapport à la civilisation.

Les meilleurs esprits, ceux qui sont les plus
rapprochés de l'état positif de la politique, com-

7

mencent aujourd'hui à entrevoir ce principe fondamental, ils sentent qu'il y a absurdité à concevoir isolément le système politique, à faire dé-
river de lui les forces de la société, dont il re-
çoit, au contraire, les siennes, sous peine de
nullité. En un mot, ils admettent déjà que l'ordre
politique n'est et ne peut être que l'expression
de l'ordre civil, ce qui signifie, en d'autres termes, que les forces sociales prépondérantes finis-
sent de toute nécessité par devenir dirigeantes :
il n'y a plus qu'un pas à faire de là pour arriver
à reconnaître la subordination du système politique à l'égard de l'état de la civilisation; car
s'il est clair que l'ordre positif est l'expression
de l'ordre civil, il est, au moins, aussi évident
que l'ordre civil lui-même n'est que l'expression
de l'état de la civilisation.

Sans doute, l'organisation sociale réagit à son
tour, d'une manière inévitable et plus ou moins
énergique sur la civilisation; mais cette influence
qui n'est que secondaire, malgré sa très-grande
importance, ne doit pas faire intervertir l'ordre
naturel de dépendance. La preuve que cet ordre
est réellement tel qu'il vient d'être indiqué, peut
se tirer de cette réaction même, envisagée convenablement. Car il est d'expérience constante,

que si l'organisation sociale est constituée en sens contraire de la civilisation, la seconde finit toujours par l'emporter sur la première.

On doit donc admettre comme une des deux idées fondamentales qui fixent l'esprit de la politique positive, que l'organisation sociale ne doit pas être considérée, soit dans le présent, soit dans le passé, isolément de l'état de la civilisation, dont elle doit être envisagée comme une dérivation nécessaire. Si, pour faciliter l'étude, on juge quelquefois utile de les examiner separément, cette abstraction doit toujours être conçue comme simplement provisoire, et ne doit jamais faire perdre de vue la subordination établie par la nature des choses.

La seconde idée fondamentale consiste en ce que les progrès de la civilisation se développent suivant une loi nécessaire.

L'expérience du passé prouve, de la manière la plus décisive, que la civilisation est assujettie dans son développement progressif à une marche naturelle et irrévocable, dérivée des lois de l'organisation humaine, et qui devient, à son tour, la la loi suprême de tous les phénomènes politiques. Il ne peut évidemment être question ici d'exposer avec précision les caractères de cette

loi et sa vérification par les faits historiques
mêmes les plus sommaires. C'est l'objet de la
seconde partie de ce volume. Il ne s'agit maintenant que de présenter quelques considérations
sur cette idée fondamentale.

Une première considération doit faire sentir la
nécessité de supposer une telle loi, pour l'explication des phénomènes politiques.

Tous les hommes qui ont une certaine connaissance des faits historiques les plus mar-
quants, quelles que soient d'ailleurs leurs opinions
spéciales, conviendront que si l'on envisage l'ensemble de l'espèce humaine policée, elle a fait,
en civilisation, des progrès non interrompus et
toujours croissants depuis les temps historiques
les plus reculés jusqu'à nos jours. Dans cette
proposition, le mot de civilisation est entendu
tel qu'il a été expliqué ci-dessus, en y compre-
nant, de plus, comme conséquence, l'organisation sociale.

On ne peut élever aucun doute raisonnable sur
ce grand fait, pour l'époque qui s'étend depuis
le onzième siècle jusqu'à présent, c'est-à-dire
depuis l'introduction des sciences d'observation en
Europe, par les Arabes, et l'affranchissement des
communes ; mais il n'est pas moins incontes-

table pour l'époque précédente. Les savants ont, aujourd'hui, bien reconnu que les prétentions des érudits au sujet des connaissances scientifiques très-avancées des anciens sont dénuées de tout fondement réel. Il est prouvé que les Arabes les ont dépassés. Il en a été de même, et encore plus clairement, de l'industrie ; du moins dans tout ce qui exige une véritable capacité, et qui n'est pas l'effet de circonstances purement accidentelles. Lors même qu'on excepterait les beaux-arts, cette exclusion, qui s'explique d'une ma-manière naturelle, laisserait à la proposition une généralité suffisante. Enfin, quant à l'organisation sociale, il est de la dernière évidence qu'elle a fait, dans la même période, des progrès de premier ordre, par l'établissement du christianisme et par la formation du régime féodal, bien supérieur aux organisations grecques et romaines.

Il est donc certain que la civilisation a marché continuellement et sous tous les rapports.

D'un autre côté, sans adopter, relativement au passé, l'esprit de dénigrement, aveugle autant qu'injuste, introduit par la métaphysique, on ne peut s'empêcher de reconnaître que, par suite de l'état d'enfance dans lequel la politique a été jusqu'ici, les combinaisons pratiques qui ont été dirigées sur la civilisation, n'étaient pas toujours les plus propres à la faire marcher, et souvent même tendaient beaucoup plus elles-mêmes à entraver sa marche qu'à la favoriser. Il y a eu des époques dans lesquelles toute l'action politique principale a été combinée dans un sens entièrement stationnaire. Ce sont, en général, celles de la décadence des systèmes : celles, par exemple, de l'empereur Julien, de Philippe II et des Jésuites, et, en dernier lieu, celle de Bonaparte. Qu'on observe, d'ailleurs, d'après la discussion précédente, que l'organisation sociale ne règle point la marche de la civilisation, dont elle est, au contraire, le produit.

La guérison fréquente des maladies sous l'influence de traitements évidemment vicieux, a fait connaître aux médecins l'action puissante qu'exerce spontanément tout corps vivant pour rétablir les dérangements accidentels de son organisation. De même, l'avancement de la civilisation à travers des combinaisons politiques défavorables, prouve clairement que la civilisation est assujettie à une marche naturelle, indépendante de toutes les combinaisons, et qui les domine. Si on n'admettait pas ce principe, il n'y aurait d'autre parti à prendre pour expliquer un tel fait, pour comprendre comment la civilisation a toujours profité des fautes qui ont été commises, au lieu d'en être retardée, que de recourir à une direction surnaturelle immédiate et continue, à l'exemple de la politique théologique.

Au reste, il convient d'observer à ce sujet que trop souvent on a regardé comme défavorables à la marche de la civilisation, des causes qui ne l'étaient qu'en apparence. La raison en est surtout que les meilleurs esprits même n'ont pas eu égard, jusqu'à présent, à une des lois essentielles des corps organisés, qui s'applique aussi bien à l'espèce humaine agissant collectivement qu'à un individu isolé. Cette loi consiste dans la nécessité des résistances, jusqu'à un certain degré, pour que toutes les forcee soient pleinement développées. Mais cette remarque n'affecte en rien la considération précédente. Car, si les obstacles sont nécessaires pour que les forces se déploient, ils ne les produisent pas.

La conclusion déduite de cette première considération serait beaucoup plus fortifiée, si l'on tenait compte de l'identité remarquable observée dans le développement de la civilisation de différents peuples, entre lesquels on ne peut raisonnablement supposer aucune communication politique. Cette identité n'a pu être produite que par l'influence d'une marche naturelle de civilisation uniforme pour tous les peuples, parce qu'elle dérive des lois fondamentales de l'organisation humaine, qui sont communes à tous. Ainsi, par exemple, les mœurs des premiers temps de la Grèce, telles qu'Homère les a décrites, retrouvées de nos jours avec une très-grande similitude, chez les nations sauvages de l'Amérique septentrionale ; la féodalité observée chez les Malais avec le même caractère essentiel qu'elle eut en Europe au XI° siècle, etc..., ne peuvent évidemment s'expliquer que de cette seule manière.

Une seconde considération peut rendre très-facile à sentir l'existence d'une loi naturelle qui préside au développement de la civilisation.

Si l'on admet, conformément à l'aperçu ci-dessus présenté, que l'état du régime social est une dérivation nécessaire de celui de la civilisation, on pourra dégager, de l'observation de sa marche, cet élément compliqué ; et ce qui sera vu pour les autres, ne lui en sera pas moins applicable comme conséquence.

En réduisant ainsi la question à ses moindres

termes, il devient aisé d'apercevoir que la civilisation est assujettie à une marche déterminée
et invariable.

Une philosophie superficielle, qui ferait de ce
monde une scène à miracles, a prodigieusement
exagéré l'influence du hasard, c'est-à-dire des
causes isolées dans les choses humaines; cette
exagération est surtout manifeste pour les sciences, pour les arts. Entre autres exemples remarquables, chacun connaît la singulière admiration
dont plusieurs hommes d'esprit ont été pénétrés
en pensant à la loi de gravitation universelle ré-
vélée à Newton par la chute d'une pomme.

Il est aujourd'hui généralement reconnu, par
tous les hommes sensés, que le hasard n'a
qu'une part infiniment petite dans les découvertes scientifiques et industrielles; qu'il ne joue
un rôle essentiel que dans des découvertes sans
aucune importance. Mais à cette erreur il en
a succédé une autre, qui, beaucoup moins dérai-
sonnable en elle-même, présente néanmoins à
l'effet presque les mêmes inconvénients. Le rôle
du hasard a été transporté au génie avec un caractère à peu près semblable. Cette transformation n'explique guère mieux les actes de l'esprit
humain.

L'histoire des connaissances humaines prouve
cependant, de la manière la plus sensible, et les
meilleurs esprits l'ont déjà reconnu, que tous
les travaux s'enchaînent dans les sciences et
dans les arts, soit dans la même génération, soit
d'une génération à l'autre, de telle sorte que les
découvertes d'une génération préparent celles de
la suivante, comme elles avaient été préparées
par celles de la précédente. On a constaté que la
puissance du génie isolé est beaucoup moindre
que celle qu'on lui avait supposée. L'homme le
plus justement illustré par de grandes découvertes, doit presque toujours la plus grande partie
de ses succès à ses prédécesseurs dans la carrière qu'il parcourt. En un mot, l'esprit humain
suit dans le développement des sciences et des
arts une marche déterminée, supérieure aux
plus grandes forces intellectuelles qui n'appa-
raissent, pour ainsi dire, que comme instruments
destinés à produire à temps nommé les découvertes successives.

En se bornant à considérer les sciences, qu'on
peut suivre avec plus de facilité depuis des temps
reculés, on voit, en effet, que les grandes époques historiques de chacune d'elles, c'est-à-dire
son passage par l'état théologique, l'état méta-

physique, et enfin l'état positif, sont rigoureusement déterminées. Ces trois états se succèdent
nécessairement suivant cet ordre fondé sur la nature de l'esprit humain. La transition de l'un à
l'autre se fait d'après une marche, dont les pas
principaux sont analogues pour toutes les
sciences, et dont aucun homme de génie ne saurait franchir un seul intermédiaire essentiel. Si,
de cette division générale, on passe aux sous-
divisions de l'état scientifique ou définitif, on
observe encore la même loi. Ainsi, par exemple,
la grande découverte de la gravitation universelle a été préparée par les travaux des astronomes et des géomètres du xvi⁵ et du xvii⁵ siècle, principalement par ceux de Kepler et d'Huy-
ghens, sans lesquels elle eût été impossible, et
qui ne pouvaient manquer de la produire tôt ou
tard.

Il ne saurait donc être douteux, d'après ce qui
précède, que la marche de la civilisation, considérée dans ses éléments, ne soit assujettie à une
loi naturelle et constante qui domine toutes les
divergences humaines particulières, comme
l'état de l'organisation sociale suit nécessairement celui de la civilisation. La même conclusion s'applique donc à la civilisation envi-

sagée tout à la fois dans son ensemble et dans ses éléments.

Les deux considérations ci-dessus énoncées suffisent, non pour démontrer complétement la marche nécessaire de la civilisation, mais pour faire sentir son existence, pour montrer la possibilité de déterminer avec précision tous ses attributs, en l'étudiant par l'observation approfondie du passé, et de créer ainsi la politique positive.

Il s'agit maintenant de fixer exactement le but pratique de cette science, ses points de contact généraux avec les besoins de la société, et surtout avec la grande réorganisation que réclame si impérieusement l'état actuel du corps social.

Pour cela, il faut d'abord préciser les limites dans lesquelles est renfermée toute action politique réelle.

La loi fondamentale qui régit la marche naturelle de la civilisation, prescrit rigoureusement tous les états successifs par lesquels l'espèce humaine est assujettie à passer dans son développement général. D'un autre côté, cette loi résulte nécessairement de la tendance instinctive de l'espèce humaine à se perfectionner. Par conséquent, elle est autant au-dessus de

notre dépendance que les instincts individuels
dont la combinaison produit cette tendance permanente.

Comme aucun phénomène connu n'autorise à
penser que l'organisation humaine soit sujette à
aucun changement capital, la marche de la civilisation qui en dérive est donc essentiellement
inaltérable, quant au fond. En termes plus
précis, aucun des degrés intermédiaires qu'elle
fixe ne peut être franchi, et aucun pas rétrograde véritable ne peut être fait. Seulement, la
marche de la civilisation est modifiable, en plus
ou en moins, dans sa vitesse, entre certaines
limites, par plusieurs causes physiques et mo-
rales, susceptibles d'estimation. Au nombre de
ces causes sont les combinaisons politiques. Tel
est le seul sens dans lequel il soit donné à
l'homme d'influer sur la marche de sa propre civilisation.

Cette action, relativement à l'espèce, est tout
à fait analogue à celle qui est permise par rapport à l'individu, analogie qui résulte de l'identité d'origine. On peut, par des moyens convenables, accélérer ou retarder jusqu'à un certain
point limité, le développement d'un instinct individuel, mais on ne peut ni le détruire, ni le

dénaturer. Il en est de même de l'instinct de l'espèce, proportion gardée, quant aux limites, de la vie de l'espèce comparée à celle de l'individu.

La marche naturelle de la civilisation détermine donc, pour chaque époque, à l'abri de toute hypothèse, les perfectionnements que doit subir l'état social, soit dans ses éléments, soit dans son ensemble. Ceux-là seuls peuvent s'exécuter, et ils s'exécutent nécessairement, à l'aide de combinaisons faites par les philosophes et par les hommes d'État, ou malgré ces combinaisons.

Tous les hommes qui ont exercé une action réelle et durable sur l'espèce humaine, soit au temporel, soit au spirituel, ont été guidés et soutenus par cette vérité fondamentale, que l'instinct ordinaire du génie leur a fait entrevoir, quoiqu'elle ne soit pas encore établie sur une démonstration méthodique. Ils ont aperçu, à chaque époque, quels étaient les changements qui tendaient à s'effectuer d'après l'état de la civilisation, et ils les ont proclamés en proposant à leurs contemporains les doctrines ou les institutions correspondantes. Quand leur aperçu a été conforme au véritable état des choses, les changements se sont prononcés ou consolidés presque immédiatement. De nouvelles forces sociales,

qui, depuis longtemps, se développaient en silence, ont tout-à-coup apparu à leur voix sur la
scène politique avec toute la vigueur de la jeu-
nesse.

L'histoire n'ayant été écrite et étudiée jusqu'à
présent que dans un esprit superficiel, de telles
coïncidences, des effets aussi frappants, au lieu
d'instruire les hommes, comme il serait naturel
de le supposer, n'ont fait que les étonner. Ces
faits, mal vus, contribuent même à maintenir
encore la croyance théologique et métaphysique
de la puissance indéfinie et créatrice des législa-
teurs sur la civilisation. Ils maintiennent cette
idée superstitieuse dans des esprits qui seraient
disposés à la rejetter, si elle ne semblait appuyée
sur l'observation. Ce fâcheux effet résulte de ce
que, dans ces grands événements, on ne voit que
les hommes et jamais les choses qui les pous-
sent avec une force irrésistible. Au lieu de reconnaître l'influence prépondérante de la civilisation, on regarde les efforts de ces hommes
prévoyants comme les véritables causes des perfectionnements qui se sont opérés, et qui auraient eu également lieu un peu plus tard, sans
leur intervention. On ne se met pas en peine de
l'énorme disproportion de la prétendue cause

avec l'effet, disproportion qui rendrait l'explication beaucoup plus inintelligible que le fait lui-
même. On s'attache à ce qui est apparent et on
néglige le réel, qui est derrière ; en un mot, suivant l'ingénieuse expression de Mme de Staël,
on prend les acteurs pour la pièce. Une telle
erreur est absolument de même nature que celle
des Indiens attribuant à Christophe Colomb l'é-
clipse qu'il avait prévue.

En général, quand l'homme paraît exercer une
grande action, ce n'est point par ses propres
forces, qui sont extrêmement petites. Ce sont
toujours des forces extérieures pour lui, d'après
des lois sur lesquelles il ne peut rien ; tout son
pouvoir réside dans son intelligence, qui le met
en état de connaître ces lois par l'observation,
de prévoir leurs effets, et, par suite, de les faire
concourir au but qu'il se propose, pourvu qu'il
emploie ces forces d'une manière conforme à
leur nature. L'action une fois produite, l'ignorance des lois naturelles conduit le spectateur,
et quelquefois l'acteur lui-même, à reporter au
pouvoir de l'homme ce qui n'est dû qu'à sa prévoyance.

Ces observations s'appliquent à une action
politique, de la même manière et par les mêmes

raisons qu'à une action physique, chimique et physiologique. Toute action politique est suivie d'un effet durable, quand elle s'exerce dans le même sens que la force de la civilisation, lorsqu'elle se propose d'opérer des changements que cette force commande actuellement. L'action est nulle, ou, du moins, éphémère dans toute autre hypothèse.

Le cas le plus vicieux est, sans contredit, celui où le législateur, soit temporel, soit spirituel, agit, à dessein ou non, dans un sens rétrograde. Car il se constitue alors en opposition avec ce qui seul peut faire sa force; mais cette marche est tellement le régulateur exact de l'action politique, que cette action est encore nulle, malgré la tendance progressive qui est en sa faveur, quand elle veut avancer plus qu'il n'est déterminé; l'expérience prouve, en effet, que le législateur, de quelque puissance qu'on le suppose revêtu, échoue nécessairement s'il entreprend d'opérer des perfectionnements qui sont dans la ligne des progrès naturels de la civilisation, mais trop au-dessus de son état actuel. Ainsi, par exemple, les grandes tentatives de Joseph II pour civiliser l'Autriche plus que ne le comportait son état présent, ont été aussi complétement frappées de nullité que les efforts immenses de Bonaparte pour faire rétrograder la France vers le régime féodal, quoique tous deux fussent armés des pouvoirs arbitraires les plus étendus.

Il suit des considérations précédemment indiquées, que la vraie politique, la politique positive, ne doit pas plus prétendre à gouverner ses phénomènes, que les autres sciences ne gouvernent leurs phénomènes respectifs; elles ont renoncé à cette ambitieuse chimère qui caractérisa leur enfance, pour se borner à observer leurs phénomènes et à les lier. La politique doit faire de même, elle doit uniquement s'occuper de coordonner tous les faits particuliers relatifs à la marche de la civilisation, de les réduire au plus petit nombre possible de faits généraux, dont l'enchainement doit mettre en évidence la loi naturelle de cette marche, en appréciant ensuite l'influence des diverses causes qui peuvent en modifier la vitesse.

L'utilité pratique de cette politique d'observation peut maintenant être précisée avec facilité.

La saine politique ne saurait avoir pour objet de faire marcher l'espèce humaine, qui se meut par une impulsion propre, suivant une loi aussi

nécessaire, quoique plus modifiable que celle de
la gravitation; mais elle a pour but de faciliter sa
marche en l'éclairant.

Il y a une grande différence entre obéir à la
marche de la civilisation sans s'en rendre
compte, et y obéir avec connaissance de cause.
Les changements qu'elle commande n'ont pas
moins lieu dans le premier cas que dans le second, mais ils se font attendre plus longtemps,
et surtout ils ne s'opèrent qu'après avoir produit
dans la société de funestes secousses, plus ou
moins graves, suivant la nature et l'importance
de ces changements. Or, les froissements de
tout genre qui en résultent pour le corps social
peuvent être évités en grande partie par des
moyens fondés sur la connaissance exacte des
changements qui tendent à s'effectuer.

Ces moyens consistent à faire que les perfectionnements, une fois prévus, se prononcent
d'une manière directe, au lieu d'attendre qu'ils
se soient fait jour, par la seule force des
choses, à travers tous les obstacles engendrés
par l'ignorance. En d'autres termes, le but
essentiel de la politique pratique est proprement d'éviter les révolutions violentes, qui nais-
sent des entraves mal entendues apportées à la

marche de la civilisation, et de les réduire, le plus promptement possible, à un simple mouvement moral, aussi régulier, quoique plus vif, que celui qui agite doucement la société dans les temps ordinaires. Or, pour atteindre ce but, il est évidemment indispensable de connaître avec la plus grande précision possible la tendance actuelle de la civilisation. afin d'y conformer l'action politique.

Sans doute, il serait chimérique d'esperer que des mouvements qui compromettent, plus ou moins, les ambitions et les intérêts de classes entières, puissent s'opérer d'une manière parfaitement calme. Mais il n'en est pas moins certain que jusqu'ici on a donné à cette cause beaucoup trop d'importance pour l'explication des révolutions orageuses, dont la violence a tenu, en grande partie, à l'ignorance des lois naturelles qui règlent la marche de la civilisation.

Il n'est que trop ordinaire de voir attribuer à l'égoïsme ce qui ne tient essentiellement qu'à l'ignorance ; et cette erreur funeste contribue à entretenir l'irritation parmi les hommes dans leurs relations privées ou générales ; mais, dans le cas actuel, n'est-il pas évident que les hommes entraînés jusqu'à présent à se mettre, de fait, en opposition à la marche de la civilisation, ne l'auraient pas tenté si cette opposition eût été solidement démontrée. Nul n'est assez insensé pour se constituer, sciemment, en insurrection contre la nature des choses. Nul ne se plaît à exercer une action qu'il voit clairement devoir être éphémère. Ainsi les démonstrations de la politique d'observation sont susceptibles d'agir sur les classes que leurs préjugés et leurs intérêts porteraient à lutter contre la marche de la civilisation.

On ne doit pas, sans doute, exagérer l'influence de l'intelligence sur la conduite des hommes ; mais, certainement, la force de la démonstration a une importance très-supérieure à celle qu'on lui a supposée jusqu'ici. L'histoire de l'esprit humain prouve que cette force a souvent déterminé, à elle seule, des changements dans lesquels elle avait à lutter contre les plus grandes forces humaines réunies. Pour n'en citer que l'exemple le plus important, c'est la seule puissance des démonstrations positives qui a fait adopter la théorie du mouvement de la terre, qui avait à vaincre non-seulement la résistance du pouvoir théologique, encore si vigoureux à

cette époque, mais surtout l'orgueil de l'espèce
humaine tout entière, appuyé sur les motifs les
plus vraisemblables qu'une idée fausse ait jamais eu en sa faveur.

Des expériences aussi décisives devraient nous
éclairer sur la force prépondérante qui résulte
des démonstrations véritables. C'est principalement parce qu'il n'y en a jamais eu encore
dans la politique, que les hommes d'État se sont
laissé entraîner dans de si grandes aberrations
pratiques. Que les démonstrations paraissent,
les aberrations cesseront bientôt. Mais d'ailleurs,
à ne considérer que les intérêts, il est aisé de
sentir que la politique positive doit fournir les
moyens d'éviter les révolutions violentes.

En effet, si les perfectionnements nécessités
par la marche de la civilisation ont à combattre
certaines ambitions et certains intérêts, il en
existe aussi qui leur sont favorables. De plus,
par cela même que les perfectionnements sont
arrivés à leur maturité, les forces réelles en leur
faveur sont supérieures aux forces opposées,
quoique l'apparence ne l'indique pas toujours
ainsi. Or, quand même on douterait, relativement
à ces dernières, que la connaissance positive de
la marche de la civilisation pût être utile pour

les engager à subir avec résignation une loi
inévitable, son importance par rapport aux autres
forces ne saurait évidemment être mise en question. Guidées par cette connaissance, les classes
ascendantes, apercevant clairement le but qu'elles
sont appelées à atteindre, pourront y marcher
d'une manière directe, au lieu de se fatiguer en
tâtonnements et en déviations. Elles combineront
avec sûreté les moyens d'annuler d'avance toutes
les résistances et de faciliter à leurs adversaires
la transition vers le nouvel ordre de choses. En
un mot, le triomphe de la civilisation s'opérera
d'une manière à la fois aussi prompte et aussi
calme que la nature des choses le permet.

En résumé, la marche de la civilisation ne
s'exécute pas, à proprement parler, suivant une
ligne droite; elle se compose d'une suite d'oscillations progressives, plus ou moins étendues
et plus ou moins lentes, en deçà et en delà
d'une ligne moyenne, comparable à celles que
présente le mécanisme de la locomotion ; or, ces
oscillations peuvent être rendues plus courtes et
plus rapides par des combinaisons politiques
fondées sur la connaissance du mouvement
moyen, qui tend toujours à prédominer. Telle est
l'utilité pratique, permanente de cette connais-

sance. Elle a évidemmment d'autant plus d'importance, que les changements nécessités par la marche de la civilisation sont eux-mêmes plus importants. Cette utilité est donc aujourd'hui au plus haut degré, puisque la réorganisation sociale, qui peut seule terminer la crise actuelle est la plus complète de toutes les révolutions que l'espèce humaine a éprouvées.

La donnée fondamentale de la politique générale, son point de départ positif, est donc la détermination de la tendance de la civilisation, afin d'y conformer l'action politique et de rendre par là aussi douces et aussi courtes que possible les crises inévitables auxquelles l'espèce humaine est assujettie dans ces passages successifs par les différents états de la civilisation.

De bons esprits, mais peu familiers avec la manière de procéder qui convient à l'esprit humain, tout en reconnaissant la nécessité de déterminer cette tendance de la civilisation, pour donner une base solide et positive aux combinaisons politiques, pourraient penser qu'il n'est point indispensable, pour la fixer, d'étudier la marche générale de la civilisation depuis son origine, et qu'il suffit de la considérer dans son état présent. Cette idée est naturelle, vu la

manière rétrécie dont la politique a été envisagée jusqu'à ce jour; mais il est facile d'en
montrer la fausseté.

L'expérience a prouvé que, tant que l'esprit
de l'homme reste engagé dans une direction
positive, il y a beaucoup d'avantages et nul inconvénient à ce qu'il s'élève au plus haut degré
de généralité possible, parce qu'il lui est infiniment plus aisé de descendre que de monter.
Dans l'enfance de la physiologie positive, on
avait commencé par croire que pour connaître
l'organisation humaine, il suffisait d'étudier
l'homme uniquement; ce qui était une erreur
tout à fait analogue à celle dont il est ici question. On a reconnu depuis que, pour se former
des idées bien nettes et convenablement étendues de l'organisation humaine, il était indispensable d'envisager l'homme comme un terme
de la série animale; et même, par une vue plus
générale encore, comme faisant partie des corps
organisés. La physiologie n'est définitivement
constituée que depuis que la comparaison des
différentes classes d'êtres vivants est largement
établie, et qu'elle commence à être régulière-
ment employée dans l'étude de l'homme.

Il en est, en politique, des divers états de

civilisation, comme des organisations diverses
en physiologie. Seulement, les motifs qui obli-
gent à considérer les différentes époques de civilisation sont encore plus directs que ceux qui
ont porté les physiologistes à établir la comparaison de toutes les organisations.

Sans doute, une étude de l'état présent de la
civilisation, envisagé en lui-même, indépendamment de ceux qui l'ont précédé, est propre à
fournir des matériaux très-utiles pour la formation de la politique positive, pourvu que les
faits soient observés d'une manière philosophique. Il est même certain que c'est par des
études de ce genre que les véritables hommes
d'État ont pu jusqu'à présent modifier les doctrines conjecturales qui dirigeaient leur esprit,
de façon à les rendre moins discordantes avec
les besoins de la société ; mais il n'en reste pas
moins évident qu'une telle étude est d'une insuffisance totale pour former une vraie politique
positive. Il est impossible d'y voir autre chose
que des matériaux. En un mot, l'observation de
l'état présent de la civilisation, considéré isolément, ne peut pas plus déterminer la tendance
actuelle de la société que ne pourrait le faire
l'étude de toute autre époque isolée.

La raison en est que, pour établir une loi, il ne suffit pas d'un terme, car il faut au moins en avoir trois, afin que la liaison, découverte par la comparaison des deux premiers, et vérifiée par le troisième, puisse servir à trouver le suivant, ce qui est le but final de toute loi.

Lorsque, en suivant une institution et une idée sociale, ou un système d'institution et une doctrine, depuis leur naissance jusqu'à l'époque actuelle, on trouve que, à partir d'un certain moment, leur empire a toujours été en diminuant ou toujours en augmentant, on peut prévoir avec une complète certitude, après cette série d'observations, le sort qui leur est réservé. Dans le premier cas, il sera constaté qu'elles vont en sens contraire de la civilisation, d'où il résultera qu'elles sont destinées à disparaître. Dans le second, au contraire, on conclura qu'elles doivent finir par dominer. L'époque de la chute ou celle du triomphe pourront même être calculées à peu près par l'étendue de la vitesse des variations observées. Une telle étude est donc évidemment une source féconde d'instruction positive.

Mais que peut apprendre l'observation isolée d'un seul état, dans lequel tout est confondu, les

doctrines, les institutions, les choses qui des-
cendent, et les doctrines, les institutions, les
choses qui montent, sans compter l'action éphémère, qui ne tient qu'à la routine du moment?
Quelle sagacité humaine pourrait, dans un as-
semblage aussi hétérogène, ne pas s'exposer à
prendre les uns pour les autres ces éléments
opposés? Comment discerner les réalités qui
font si peu de bruit, au milieu des fantômes qui
s'agitent sur la scène? Il est clair que, dans un
tel désordre, l'observateur ne saurait marcher
qu'en aveugle s'il n'est guidé par le passé, qui
seul peut lui enseigner à diriger son coup d'œil
de manière à voir les choses comme elles sont
au fond.

L'ordre chronologique des époques n'est point
l'ordre philosohique; au lieu de dire : le passé.
le présent et l'avenir, il faudrait dire : le passé,
l'avenir et le présent. Ce n'est, en effet, que lorsque, par le passé, on a conçu l'avenir, qu'on peut
revenir utilement sur le présent, qui n'est qu'un
point, de façon à saisir son véritable caractère.
Ces considérations, applicables à une époque
quelconque, le sont, à bien plus forte raison, à
l'époque actuelle.

Aujourd'hui, trois systèmes différents co-existent dans le sein de la société : le système théologique et féodal, le système scientifique et industriel, enfin le système transitoire et bâtard des métaphysiciens et des légistes. Il est absolument au-dessus des forces de l'esprit humain d'établir, au milieu d'une telle confusion, une analyse claire et exacte, une statistique réelle et précise du corps social, sans être éclairé par le flambeau du passé. On pourrait aisément démontrer que d'excellents esprits, faits par leurs capacités pour s'élever à une politique vraiment positive, si leurs facultés eussent été mieux dirigées, sont restés plongés dans la métaphysique pour avoir considéré isolément l'état présent des choses, ou même seulement pour n'avoir pas remonté assez haut dans la série des observations.

Ainsi l'étude, et l'étude aussi approfondie, aussi complète que possible de tous les états par lesquels la civilisation a passé depuis son origine jusqu'à présent ; leur coordination, leur enchaînement successif, leur composition en faits généraux propres à devenir des principes, en mettant en évidence les lois naturelles du développement de la civilisation ; le tableau philosophique de l'avenir social ; tel qu'il dérive du passé, c'est-à-dire la détermination du plan général de réorganisation destiné à l'époque actuelle ; enfin, l'application de ces résultats à l'état présent des choses, de manière à déterminer la direction qui doit être imprimée à l'action politique pour faciliter la transition définitive vers le nouvel état social, tel est l'ensemble des travaux propres à établir pour la politique une théorie positive qui puisse répondre aux besoins immenses et urgents de la société.

Telle est la première série de recherches théoriques que nous osons proposer aux forces combinées des savants européens.

Toutes les considérations exposées jusqu'ici ayant suffisamment indiqué l'esprit de la politique positive, sa comparaison avec la politique théologique et métaphysique peut acquérir plus de précision.

En les comparant d'abord sous le point de vue le plus important, par rapport aux besoins actuels de la société, on s'explique facilement la supériorité de la politique positive. Cette supériorité résulte de ce qu'elle *découvre* ce que les autres *inventent*. La politique théologique et métaphysique imaginent le système qui convient à l'état présent de la civilisation, d'après la condition absolue qu'il soit le meilleur possible. La politique positive le détermine par l'observation, uniquement comme devant être celui que la civilisation tend à produire. D'après cette manière différente de procéder, il serait également impossible et que la politique d'imagination trouvât la véritable réorganisation sociale et que la politique positive ne la trouvât pas ; l'une fait les plus grands efforts pour inventer le remède sans considérer la maladie ; l'autre, persuadée que la principale cause de guérison est la force vitale du malade, se borne à prévoir, par l'observation, l'issue naturelle de la crise, afin de la faciliter en écartant les obstacles suscités par l'empirisme.

En second lieu, la politique scientifique peut seule présenter aux hommes une théorie sur laquelle il soit possible de s'entendre, ce qui, en un sens, est la condition la plus importante.

La politique théologique et métaphysique, recherchant le meilleur gouvernement possible, entraînent dans des discussions interminables ; car cette question n'est pas jugeable ; le régime politique doit être et il est nécessairement en rapport avec l'état de la civilisation : le meilleur, pour chaque époque, est celui qui s'y conforme le mieux. Il n'y a donc pas et il ne saurait

y avoir de régime politique absolument préférable
à tous autres ; il y a seulement des états de civilisation plus perfectionnés les uns que les autres.
Les institutions bonnes à une époque, peuvent
être et sont même le plus souvent mauvaises à
une autre et réciproquement. Ainsi, par exemple,
l'esclavage, qui est aujourd'hui une monstruosité, était certainement, à son origine, une très-
belle institution, puisqu'elle avait pour objet
d'empêcher le fort d'égorger le faible : c'était
un intermédiaire inévitable dans le développement de la civilisation, comme nous l'établirons
spécialement dans la seconde partie de ce volume ; de même, en sens inverse, la liberté, qui,
dans une proportion raisonnable, est si utile à
un individu et à un peuple qui ont atteint un
certain degré d'instruction et contracté quelques
habitudes de prévoyance, parce qu'elle permet
le développement de leurs facultés, est très-
nuisible à ceux qui n'ont pas encore rempli ces
deux conditions, et qui ont indispensablement
besoin, pour eux-mêmes autant que pour les
autres, d'être tenus en tutelle. Il est donc évident qu'on ne saurait s'entendre sur la question
absolue du meilleur gouvernement possible. Il
n'y aurait d'autre expédient pour rétablir l'har-

monie que de proscrire entièrement l'examen
du plan convenu, ainsi que l'a fait la politique
théologique, plus conséquente que la politique
métaphysique ; parce que, ayant duré, elle a dû
remplir les conditions de la durée. On sait que
la métaphysique, en donnant, dans une telle
carrière, un libre essor à l'imagination, a conduit jusqu'à mettre en doute et même à nier
formellement l'utilité de l'état social lui-même
pour le bonheur de l'homme, ce qui rend saillante l'impossibilité de s'entendre sur de telles
questions.

Dans la politique scientifique, au contraire, le
but pratique étant de déterminer le système que
la marche de la civilisation, telle que le passé
la montre, tend à produire aujourd'hui, la question est toute positive et entièrement jugeable
par l'observation. Le plus libre examen peut et
doit être accordé, sans qu'on ait à craindre les
divagations. Au bout d'un certain temps, tous
les esprits compétents et, à leur suite, tous les
autres, doivent finir par s'entendre sur les lois
naturelles de la marche de la civilisation, et sur
le système qui en résulte, quelles qu'aient pu
être d'abord leurs opinions spéculatives, comme
on a fini par s'entendre sur les lois du sys-

tème solaire, sur celles de l'organisation humaine, etc.

Enfin, la politique positive est la seule voie par laquelle l'espèce humaine puisse sortir de l'arbitraire, dans lequel elle restera plongée tant que la politique théologique et métaphysique domineront encore.

L'absolu, dans la théorie, conduit nécessairement à l'arbitraire, dans la pratique. Tant que l'espèce humaine est envisagée comme n'ayant pas d'impulsion qui lui soit propre, comme devant la recevoir du législateur, l'arbitraire existe forcément, au plus haut degré, et sous le rapport le plus essentiel, nonobstant les déclamations les plus éloquentes. C'est la nature des choses qui le veut ainsi. L'espèce humaine étant alors laissée à la discrétion du législateur, qui détermine pour elle le meilleur gouvernement possible, l'arbitraire peut bien être restreint dans les détails, mais on ne sauroit évidemment le chasser de l'ensemble. Que le législateur suprême soit unique ou multiple, héréditaire ou électif, rien n'est changé à cet égard. La société tout entière se substituerait au législateur, s'il était possible, qu'il en serait encore de même. Seulement, l'arbitraire étant alors exercé par toute une société sur elle-même, les inconvénients deviendraient plus grands que jamais.

Au contraire, la politique scientifique exclut radicalement l'arbitraire, parce qu'elle fait disparaître l'absolu et le vague qui l'ont engendré et qui le maintiennent. Dans cette politique, l'espèce humaine est envisagée comme assujettie à une loi naturelle de développement, qui est susceptible d'être déterminée par l'observation et qui prescrit, pour chaque époque, de la manière la moins équivoque, l'action politique qui peut être exercée. L'arbitraire cesse donc nécessairement. Le gouvernement des choses remplace celui des hommes; c'est alors qu'il y a vraiment *loi*, en politique, dans le sens réel et philosophique attaché à cette expression par l'illustre Montesquieu. Quelle que soit la forme du gouvernement dans ses détails, l'arbitraire ne peut reparaître, au moins quand au fond. Tout est fixé, en politique, d'après une loi vraiment souveraine, reconnue supérieure à toutes les forces humaines, puisqu'elle dérive, en dernière analyse, de la nature de notre organisation, sur laquelle on ne saurait exercer aucune action. En un mot cette loi exclut, avec la même efficacité, l'arbitraire théologique, ou le droit divin

des rois, et l'arbitraire métaphysique ou la souveraineté du peuple.

Si quelques esprits pouvaient voir, dans l'empire suprême d'une telle loi, une transformation
de l'arbitraire existant, il faudrait les engager à
se plaindre aussi du despotisme inflexible exercé
sur toute la nature par la loi de la gravitation,
et du despotisme non moins réel, mais plus
analogue encore comme plus modifiable, exercé
par les lois de l'organisation humaine, dont celle
de la civilisation n'est que le résultat.

Ce qui précède conduit naturellement à assi-
gner avec exactitude les domaines respectifs de
l'observation et de l'imagination en politique.
Cette détermination achèvera d'esquisser l'esprit
général de la nouvelle politique.

Il faut à cet effet distinguer deux ordres de
travaux : les uns, qui composent proprement la
science politique, sont relatifs à la formation du
système qui convient à l'époque actuelle ; les
autres se rapportent à sa propagation.

Dans les premiers, il est clair que l'imagination ne doit jouer qu'un rôle absolument subalterne, toujours aux ordres de l'observation,
comme dans les autres sciences. Quant à l'étude
du passé, elle peut et doit être employée à in-

venter des moyens provisoires de lier les faits, jusqu'à ce que les liaisons définitives ressortent directement des faits eux-mêmes; ce qu'il faut toujours avoir en vue. Cet emploi de l'imagination ne doit même porter que sur des faits secondaires, sans quoi il serait évidemment vicieux. En second lieu, la détermination du système d'après lequel la société est aujourd'hui appelée à se réorganiser, doit se conclure presque en totalité de l'observation du passé. Cette étude déterminera, non-seulement l'ensemble de ce système, mais aussi les parties les plus importantes, jusqu'à un degré de précision dont les savants seront vraisemblablement étonnés quand ils mettront la main à l'œuvre. Néanmoins, il est certain que la précision obtenue par cette méthode ne saurait descendre entièrement jusqu'au point où le système pourra être livré aux industriels, pour qu'ils le mettent en activité par leurs combinaisons pratiques, selon le plan indiqué au chapitre précédent. Ainsi, sous ce second rapport, l'imagination devra encore remplir, dans la politique scientifique, une fonction secondaire, et qui consistera à porter jusqu'au degré de précision nécessaire l'esquisse du nouveau système, dont l'observation aura dé-

terminé le plan général et les traits caractéris-
tiques.

Mais il est un autre genre de travaux également indispensables au succès définitif de la
grande entreprise de réorganisation, quoique
subordonnés aux précédents, et dans lesquels
l'imagination retrouve son plein et entier exercice.

Dans la détermination du système nouveau, il
est nécessaire de faire abstraction des avantages
ou des inconvénients de ce système. La question
principale, la question unique, doit être : Quel
est, d'après l'observation du passé, le système
social destiné à s'établir aujourd'hui par la marche de la civilisation? Ce serait tout brouiller,
et même manquer le but, que de s'occuper,
d'une manière importante, de la bonté de ce
système. On devra se borner à concevoir, en
thèse générale, que l'idée de bonté et celle de
conformité avec l'état de civilisation, se confon-
dant, à leur origine, on est certain d'avoir le
meilleur système praticable aujourd'hui, en
cherchant quel est le plus conforme à l'état de la
civilisation. L'idée de bonté n'étant pas positive
par elle même, et ne le devenant que par sa
relation avec la seconde, c'est donc à celle-ci

qu'il faut uniquement s'attacher, comme but direct des recherches, sans quoi la politique ne deviendrait pas positive. L'indication des avantages du nouveau système, de sa supériorité sur les précédents sous ce rapport, ne doit être qu'une chose tout à fait secondaire, sans aucune influence sur la direction des travaux.

Il est incontestable que, par une telle manière de procéder, on sera certain de fonder une politique vraiment positive et vraiment en harmonie avec les grands besoins de la société. Mais, si c'est dans un tel esprit que le système nouveau doit être déterminé, il est clair que ce n'est pas sous une telle forme qu'il doit être présenté à la société pour entraîner son adoption définitive, car cette forme est fort loin d'être la plus propre à provoquer cette adhésion.

Pour qu'un nouveau système social s'établisse, il ne suffit pas qu'il ait été conçu convenablement, il faut encore que la masse de la société se passionne pour le constituer. Cette condition n'est pas seulement indispensable pour vaincre les résistances plus ou moins fortes que ce système doit rencontrer dans les classes en décadence, elle l'est, surtout, pour satisfaire ce besoin moral d'exaltation inhérent à l'homme, quand il entre dans une carrière nouvelle ; sans cette exaltation, il ne pourrait ni vaincre son inertie naturelle, ni secouer le joug si puissant des anciennes habitudes ; ce qui, néanmoins, est nécessaire pour laisser à toutes ses facultés, dans leur nouvel emploi, un libre et plein développement. Une telle nécessité se montrant toujours dans les cas les moins compliqués, il serait contradictoire qu'elle n'eût pas lieu dans les changements les plus complets et les plus importants ; dans ceux qui doivent modifier le plus profondément l'existence humaine. Aussi, toute l'histoire dépose-t-elle en faveur de cette vérité.

Cela posé, il est clair que la manière dont le nouveau système pourra et devra être reçu et présenté par la politique scientifique, n'est nullement propre directement à remplir cette condition indispensable.

On ne passionnera jamais la masse des hommes pour un système quelconque, en leur prouvant qu'il est celui dont la marche de la civilisation, depuis son origine, a préparé l'établissement et qu'elle appelle aujourd'hui à diriger la société. Une telle vérité est à la portée d'un trop petit nombre d'esprits, et exige même, de leur part une trop longue suite d'opérations intellectuelles pour qu'elle puisse jamais passionner. Seulement, elle produira, dans les savants, cette conviction profonde et opiniâtre, résultat nécessaire des démonstrations positives, et qui offre plus de résistance, mais par cela même aussi moins d'activité, que la persuasion vive en entraînante produite par les idées qui émeuvent la passion.

Le seul moyen d'obtenir ce dernier effet, consiste à présenter aux hommes le tableau animé des améliorations que doit apporter dans la condition humaine le nouveau système envisagé sous tous les points de vue différents, abstraction faite de sa nécessité et de son opportunité. Cette perspective peut seule déterminer les hommes à faire en eux-mêmes la révolution morale nécessaire pour que le nouveau système puisse s'établir. Elle seule peut refouler l'égoïsme, devenu prédominant par la dissolution de l'ancien système, et qui, lorsque les idées auront été éclaircies par les travaux scientifiques, sera le seul obstacle au triomphe du nouveau. Elle seule enfin peut tirer la société de l'apathie, et lui imprimer, d'ensemble, cette activité qui doit devenir permanente dans un état social qui tiendra

toutes les facultés de l'homme en action continue.

Voilà donc un ordre de travaux dans lequel
l'imagination doit jouer un rôle prépondérant.
Son action ne saurait avoir aucun inconvénient,
puisqu'elle s'exercera dans la direction établie
par les travaux scientifiques, puisqu'elle se pro-
posera pour but, non l'invention du système à
continuer, mais l'adoption de celui qui aura été
déterminé par la politique positive. Ainsi lancée,
l'imagination doit être entièrement livrée à elle-
même. Plus son allure sera franche et libre, plus
l'action indispensable qu'elle doit exercer sera
complète et salutaire.

Telle est la part spéciale réservée aux beaux
arts dans l'entreprise générale de la réorganisation sociale. Ainsi concourront dans cette vaste
entreprise toutes les forces positives : celle des
savants pour déterminer le plan du nouveau système ; celle des artistes pour provoquer l'adoption universelle de ce plan ; celle des industriels
pour mettre le système en activité immédiatement, par l'établissement des institutions pratiques nécessaires. Ces trois grandes forces se
combineront alors entre elles pour constituer le
nouveau système, comme elles le feront, quand

il sera formé, pour son application journalière.

Ainsi, en dernière analyse, la politique positive investit l'observation de la suprématie accordée à l'imagination par la politique conjecturale, dans la détermination du système social convenable à l'époque actuelle; mais, en même temps, elle confie à l'imagination un nouveau rôle, bien supérieur, aujourd'hui, à celui qu'elle a dans la politique théologique et métaphysique, où, quoique souveraine, elle languit, depuis que l'espèce humaine s'est rapprochée de l'état positif, dans un cercle d'idées usées et de tableaux monotones.

Après avoir esquissé l'esprit général de la politique positive, il est utile de jeter un coup d'œil sommaire sur les principales tentatives faites jusqu'à ce moment dans le but d'élever la politique au rang des sciences d'observation. Il en résultera le double avantage de constater, par le fait, la maturité d'une telle entreprise, et d'éclaircir encore l'esprit de la nouvelle politique, en le présentant sous plusieurs points de vue distincts de ceux précédemment indiqués.

C'est à Montesquieu que doit être rapporté le premier effort direct pour traiter la politique comme une science de faits et non de dogmes. Tel est évidemment le but véritable de l'*Esprit des lois,* aux yeux de quiconque a compris cet ouvrage. L'admirable début dans lequel l'idée générale de *loi* est présentée, pour la première fois, d'une manière philosophique, suffirait seul pour constater un tel dessein. Il est clair que Montesquieu s'est essentiellement proposé de rallier, autant que possible, sous un certain nombre de chefs principaux, tous les faits politiques dont il avait connaissance, et de mettre en évidence les lois de leur enchaînement.

S'il s'agissait ici d'apprécier le mérite d'un tel travail, il faudrait le juger d'après l'époque de son exécution. On verrait alors qu'il constate de la manière la plus formelle la supériorité philosophique de Montesquieu sur tous ses contemporains. S'être affranchi de l'esprit critique dans le temps où il exerçait jusque sur les plus fortes têtes l'empire le plus despotique ; avoir profondément senti le vide de la politique métaphysique et absolue, avoir éprouvé le besoin d'en sortir au moment même où elle prenait, entre les mains de Rousseau, sa forme définitive, sont des preuves décisives de cette supériorité.

Mais, malgré la capacité de premier ordre dont

Montesquieu a fait preuve, et qui sera de plus
en plus sentie, il est évident que ses travaux
sont bien loin d'avoir élevé la politique au rang
des sciences positives. Ils n'ont nullement satisfait aux conditions fondamentales, indispensables pour que ce but puisse être atteint, et qui
ont été ci-dessus exposées.

Montesquieu n'a pas aperçu le grand fait
général qui domine tous les phénomènes politiques, dont il est le véritable régulateur, le
développement naturel de la civilisation. Il en
est résulté que ses recherches ne sauraient être
employées, dans la formation de la politique positive, autrement que comme matériaux, comme
recueil d'observations et d'aperçus ; car les
idées générales qui lui ont servi à lier les faits
ne sont point positives.

Malgré les efforts évidents de Montesquieu
pour se dégager de la métaphysique, il n'a pu y
parvenir, et c'est d'elle, incontestablement, qu'il
a déduit sa conception principale. Cette conception a le double défaut d'être dogmatique au lieu
d'être historique, c'est-à-dire de ne pas avoir
égard à la succession nécessaire des divers états
politiques, et, en second lieu, de donner une importance exagérée à un fait secondaire, la forme

du gouvernement. Aussi le rôle prépondérant
que Montesquieu a fait jouer à cette idée est-il
purement d'imagination, et en contradiction avec
l'ensemble des observations les plus connues.
En un mot, les faits positifs n'ont pas été vraiment *liés* par Montesquieu, comme ils doivent
l'être dans toute science positive; ils n'ont été
que *rapprochés* d'après des vues hypothétiques,
contraires le plus souvent à leurs rapports réels.

La seule partie importante des travaux théoriques de Montesquieu, qui sont véritablement
dans une direction positive, est celle qui a pour
objet de déterminer l'influence politique des circonstances physiques locales, agissant d'une
manière continue et dont l'ensemble peut être
désigné sous le nom de climat; mais il est aisé
de voir que, même sous ce rapport, les idées
produites par Montesquieu ne peuvent être employées qu'après avoir été totalement refondues,
par suite du vice général qui caractérise sa manière de procéder. Il est, en effet, bien reconnu,
aujourd'hui, par tous les observateurs, que
Montesquieu a beaucoup exagéré, sous plusieurs
rapports, l'influence des climats; cela est inévitable.

Sans doute, le climat exerce une action très-

réelle et très-importante à connaître sur les phénomènes politiques, mais cette action n'est
qu'indirecte et secondaire ; elle se borne à accélérer ou retarder jusqu'à un certain point la
marche naturelle de la civilisàtion, qui ne peut
nullement être dénaturée par ces modifications.
Cette marche reste effectivement la même au
fond, dans tous les climats, à la vitesse-près,
parce qu'elle tient à des lois plus générales,
celles de l'organisation humaine, qui sont essentiellement uniformes dans les diverses localités.
Puis donc que l'influence du climat sur les phénomènes politiques n'est que modificatrice à
l'égard de la marche naturelle de la civilisation,
qui conserve son caractère de loi suprême, il
est clair que cette influence ne saurait être étudiée avec fruit et convenablement appréciée
qu'après la détermination de cette loi. Si l'on
voulait considérer la cause indirecte et subordonnée avant la cause directe et principale, une
telle infraction à la nature de l'esprit humain
aurait pour résultat inévitable de donner une
idée absolument fausse de l'influence de la première en la faisant confondre avec celle de la
seconde : c'est ce qui est arrivé à Montesquieu.

La réflexion précédente sur l'influence du

climat est évidemment applicable à celle de toutes les autres causes quelconques qui peuvent modifier la marche de la civilisation dans sa vitesse, sans l'altérer essentiellement. Cette influence ne pourra être déterminée avec exactitude que lorsque les lois naturelles de la civilisation auront été établies, en y faisant d'abord abstraction de toutes ces modifications. Les astronomes ont commencé par étudier les lois des mouvements planétaires, abstraction faite des perturbations. Quand ces lois ont été découvertes les modifications ont pu être déterminées, et même ramenées au principe qui n'avait été d'abord établi que sur le mouvement principal. Si on eût voulu, dès l'origine, tenir compte de ces irrégularités, il est clair qu'aucune théorie exacte n'aurait jamais pu être formée. Il en est absolument de même dans le cas présent.

L'insuffisance de la politique de Montesquieu se vérifie clairement dans ses applications aux besoins de la société.

La nécessité d'une réorganisation sociale dans les pays les plus civilisés, était aussi réelle à l'époque de Montesquieu qu'elle l'est aujourd'hui; car le système féodal et théologique était déjà détruit dans ses bases fondamentales. Les événe-

ments qui se sont développés depuis n'ont fait
que rendre cette nécessité plus sensible et plus
urgente, en complétant la destruction de l'ancien
système. Néanmoins, Montesquieu n'a pas donné
pour but pratique à ses travaux la conception
d'un nouveau système social. Comme il n'avait
pas lié les faits politiques d'après une théorie
propre à mettre en évidence le besoin d'un système nouveau dans l'état que la société avait
atteint, et, en même temps, à déterminer le caractère général de ce système, il a dû se borner,
et il s'est borné, quant à la pratique, à indiquer
des améliorations de détail, conformes à l'expérience, et qui n'étaient que de simples modifications, plus ou moins importantes, du système
théologique et féodal.

Sans doute, Montesquieu a montré par là une
sage retenue, en renfermant ses idées pratiques
dans les limites que les faits lui imposaient, à
la manière imparfaite dont il les avait étudiés,
lorsqu'il lui eût été, au contraire, si facile d'inventer des utopies. Mais il a constaté en même
temps, d'une manière décisive, l'insuffisance
d'une théorie qui n'était pas susceptible de
correspondre aux besoins les plus essentiels
de la pratique.

Ainsi, en résumé, Montesquieu a senti la
nécessité de traiter la politique à la manière
des sciences d'observation ; mais il n'a pas
conçu le travail général qui doit lui imprimer
ce caractère. Ses recherches n'en ont pas moins
eu la plus grande importance ; elles ont facilité à
l'esprit humain les moyens de combiner les idées
politiques, en lui présentant une grande masse
de faits, rapprochés d'après une théorie qui, fort
éloignée encore de l'état positif, en était cependant beaucoup plus près que toutes celles précédemment produites.

La conception générale du travail propre à
élever la politique au rang des sciences d'observation, a été découverte par Condorcet. Il a
vu nettement, le premier, que la civilisation
est assujettie à une marche progressive dont
tous les pas sont rigoureusement enchaînés les
uns aux autres suivant des lois naturelles, que
peut dévoiler l'observation philosophique du
passé, et qui détermine, pour chaque époque,
d'une manière entièrement positive, les perfectionnements que l'état social est appelé à éprouver, soit dans ses parties, soit dans son ensemble. Non-seulement Condorcet a conçu par là
le moyen de donner à la politique une vraie

théorie positive, mais il a tenté d'établir
cette théorie en exécutant l'ouvrage intitulé:
*Esquisse d'un tableau historique des progrès
de l'esprit humain*, dont le titre seul et l'introduction suffiraient pour assurer à son auteur
l'honneur éternel d'avoir créé cette grande idée
philosophique.

Si cette découverte capitale est jusqu'ici de-
meurée entièrement stérile; si elle n'a fait encore presque aucune sensation, si personne n'a
marché dans la ligne que Condorcet a indiquée;
si, en un mot, la politique n'est point devenue
positive, il faut l'attribuer, en grande partie, à
ce que l'esquisse tracée par Condorcet a été
exécutée dans un esprit absolument contraire au
but de ce travail. Il en a entièrement méconnu
les conditions les plus essentielles, de telle sorte
que l'ouvrage est à refondre en totalité. C'est ce
qu'il importe d'établir.

En premier lieu, la distribution des époques
est, dans un travail de cette nature, la partie
la plus importante du plan, ou, pour mieux
dire, elle constitue à elle seule le plan lui-
même, considéré dans sa plus grande généralité; car elle fixe le mode principal de coordination des faits observés. Or, la distribution

adoptée par Condorcet est absolument vicieuse,
en ce qu'elle ne satisfait pas même à la plus
palpable des conditions, celle de présenter une
série homogène. On voit que Condorcet n'a
nullement senti l'importance d'une disposition
philosophique des époques de la civilisation.
Il n'a pas vu que cette disposition doit être
elle-même l'objet d'un premier travail général,
le plus difficile de ceux auxquels la formation
de la politique positive doit donner lieu. Il a
cru pouvoir coordonner convenablement les faits
en prenant presque au hasard, pour origine de
chaque époque, un événement remarquable, tantôt industriel, tantôt scientifique, tantôt politique. En procédant ainsi, il ne sortait pas du
cercle des historiens littérateurs ; il lui était
impossible de former une vraie théorie, c'est-
à-dire d'établir entre les faits un enchaînement
réel, puisque ceux qui devaient servir à lier
tous les autres étaient déjà isolés entre eux.

Les naturalistes étant de tous les savants
ceux qui ont à former les classifications les
plus étendues et les plus difficiles, c'est entre
leurs mains que la méthode générale des classifications a dû faire ses plus grands progrès.
Le principe fondamental de cette méthode est

établi depuis qu'il existe, en botanique et en zoologie, des classifications philosophiques, c'est-à-dire fondées sur des rapports réels, et. non sur des rapprochements factices. Il consiste en ce que l'ordre de généralité des différents degrés de division, soit, autant que possible, exactement conforme à celui des rapports observés entre les phénomènes à classer. De cette manière, la hiérarchie des familles, des genres, etc., n'est autre chose que l'énoncé d'une série coordonnée de faits généraux, partagée en différents ordres de suites, de plus en plus particulières; en un mot, la classification n'est alors que l'expression philosophique de la science, dont elle suit les progrès. Connaître la classification, c'est connaître la science, au moins dans sa partie la plus importante.

Ce principe est applicable à une science quelconque. Ainsi, la science politique se constituant à l'époque où il a été découvert, employé et solidement vérifié, elle doit profiter de cette idée philosophique trouvée par d'autres sciences, en la prenant pour guide dans sa distribution des divers âges de la civilisation. Les motifs pour disposer, dans l'histoire générale de l'espèce humaine, les différentes époques de civilisation

dans l'ordre de leurs rapports naturels, sont absolument semblables à ceux des naturalistes
pour ranger d'après la même loi les organisations animales et végétales; seulement ils ont encore plus de force.

Car, si une bonne coordination des faits est
fort importante dans une science quelconque,
elle est tout dans la science politique, qui, sans
cette condition, manquerait entièrement son but
pratique. Ce but est, comme on sait, de déterminer, par l'observation du passé, le système
social que la marche de la civilisation tend à
produire aujourd'hui. Or, cette détermination ne
peut résulter que d'une bonne coordination des
états de civilisation antérieurs, qui fasse ressor-
tir la loi de cette marche. Il est clair, d'après
cela, que les faits politiques, quelque importants
qu'ils puissent être, n'ont de valeur pratique,
réelle, que par leur coordination, .tandis que,
dans les autres sciences, la connaissance des
faits a, le plus souvent, par elle-même, une première utilité indépendante du mode de leur enchaînement.

Ainsi, les diverses époques de la civilisation,
au lieu d'être distribuées sans ordre, d'après des
événements plus ou moins importants, comme

l'a fait Condercet, doivent être disposées d'après
le principe philosophique déjà reconnu par tous
les savants comme devant présider aux classifications quelconques. La division principale des
époques doit présenter l'aperçu le plus général de l'histoire des civilisations; les divisions
secondaires, à quelque degré qu'on juge convenable de les pousser, doivent offrir successivement des aperçus de plus en plus précis de
cette même histoire. En un mot, la table des
époques doit être arrêtée de manière à offrir, par
elle seule, l'expression abrégée de l'ensemble du
travail; sans cela, on n'aurait fait qu'un travail
purement provisoire, n'ayant qu'une valeur de
matériaux, avec quelque perfection qu'il fût exécuté.

C'est assez dire qu'une telle division ne saurait être inventée, et que, même dans son plus
haut degré de généralité, elle ne peut résulter
que d'une première ébauche du tableau, d'un
premier coup d'œil sur l'histoire générale de la
civilisation. Sans doute, quelque importante,
quelque indispensable que soit cette manière de
procéder, pour la formation de la politique positive, elle serait impraticable, et il faudrait se
résigner à ne faire d'abord qu'un travail simple-

ment provisoire, si ce travail ne se trouvait pas suffisamment préparé. Mais les histoires écrites jusqu'à ce jour, et surtout celles qui ont été produites depuis environ un demi-siècle, quoique fort éloignées d'avoir été conçues dans l'esprit convenable, présentent à peu près l'équivalent de cette collection préliminaire de matériaux. On peut donc s'occuper directement d'une coordination définitive.

Nous avons présenté dans le chapitre précédent, mais seulement sous le rapport spirituel, un aperçu général qui nous paraît remplir les conditions ci-dessus exposées pour la division principale du passé ; il est le résultat d'une première étude philosophique sur l'ensemble de l'histoire de la civilisation.

Nous croyons que cette histoire peut être partagée en trois époques, ou états de civilisation, dont le caractère est parfaitement distinct, au temporel et au spirituel. Elles embrassent la civilisation considérée à la fois dans ses éléments et dans son ensemble, ce qui est, évidemment, d'après les vues indiquées plus haut, une condition indispensable.

La première est l'époque théologique et militaire.

Dans cet état de la société, toutes les idées théoriques, tant générales que particulières, sont d'un ordre purement surnaturel; l'imagination domine franchement et complétement sur l'observation, à laquelle tout droit d'examen est interdit.

De même, toutes les relations sociales, soit particulières, soit générales, sont franchement et complétement militaires. La société a pour but d'activité unique et permanent, la conquête. Il n'y a d'industrie que ce qui est indispensable pour l'existence de l'espèce humaine. L'esclavage pur et simple des producteurs est la principale institution.

Tel est le premier grand système produit par la marche naturelle de la civilisation. Il a existé dans ses éléments, à partir de la première formation des sociétés régulières et permanentes; il ne s'est complétement établi dans son ensemble qu'après une longue suite de générations.

La seconde époqué est l'époque métaphysique et légiste. Son caractère général est de n'en avoir aucun bien tranché. Elle est intermédiaire et bâtarde; elle opère une transition.

Sous le rapport spirituel, elle a déjà été carac-

térisée dans le chapitre précédent. L'observation est toujours dominée par l'imagination, mais
elle est admise à la modifier entre certaines limites. Ces limites sont ensuite reculées successivement, jusqu'à ce que l'observation conquière
enfin le droit d'examen sur tous les points; elle
l'obtient d'abord sur toutes les idées théoriques
particulières,.et, peu à peu, par l'usage qu'elle
en fait, elle finit par l'acquérir aussi sur les
idées théoriques générales, ce qui est le terme
naturel de la transition. Ce temps est celui de
la critique et de l'argumentation.

Sous le rapport temporel, l'industrie a pris
plus d'extension, sans être encore prédominante.
Par suite, la société n'est plus franchement militaire, et n'est pas encore franchement industrielle, soit dans ses éléments, soit dans son
ensemble. Les relations sociales particulières
sont modifiées, l'esclavage individuel n'est plus
direct; le producteur, encore esclave, commence
à obtenir quelques droits de la part du militaire; l'industrie fait de nouveaux progrès, ils
aboutissent, enfin, à l'abolition totale de l'esclavage individuel. Après cette affranchissement,
les producteurs restent encore soumis à l'arbitraire collectif. Cependant, les relations sociales

générales commencent bientôt à se modifier
aussi. Les deux buts d'activité, la conquête et la
production, sont menés de front. L'industrie est
d'abord ménagée et protégée comme moyen militaire; plus tard son importance augmente, et
la guerre finit par être conçue, à son tour, systématiquement, comme moyen de favoriser l'industrie; ce qui est le dernier état de ce système
intermédiaire.

Enfin, la troisième époque est l'époque scientifique et industrielle. Toutes les idées théoriques
particulières sont devenues positives, et les idées
générales tendent à le devenir; l'observation a
dominé l'imagination quant aux premières, et
elle l'a détrônée, sans avoir encore aujourd'hui
pris sa place, quant aux secondes.

Au temporel, l'industrie est devenue prépondérante; toutes les relations particulières se
sont établies peu à peu sur des bases industrielles. La société, prise collectivement, tend à
s'organiser de la même manière, en se donnant
pour but d'activité unique et permanent la production.

En un mot, cette dernière époque est déjà
écoulée, quant aux éléments, et elle est prête à
commencer quant à l'ensemble. Son point de

départ direct date de l'introduction des sciences positives en Europe par les Arabes, et de l'affranchissement des communes, c'est-à-dire du xi° siècle environ.

Pour prévenir toute obscurité dans l'application de cet aperçu général, il ne faut jamais perdre de vue que la civilisation a dû marcher quant aux éléments spirituels et temporels de l'état social, avant de marcher quant à l'ensemble. Par suite, les trois grandes époques successives ont nécessairement commencé plutôt pour les éléments que pour l'ensemble, ce qui pourrait occasionner quelque confusion, si on ne se rendait compte, avant tout, de cette différence inévitable.

Tels sont donc les caractères principaux des trois époques dans lesquelles on peut 'partager toute l'histoire de la civilisation, depuis le temps où l'état social a commencé à prendre une véritable consistance jusqu'à présent. Nous osons proposer aux savants cette première division du passé, qui nous paraît remplir les grandes conditions d'une bonne classification de l'ensemble des faits politiques.

Si elle est adoptée, il faudra trouver au moins une sous-division pour qu'il soit possible d'exécuter convenablement une première esquisse du grand tableau historique. La division principale facilitera la découverte de celles qui devront lui succéder, en fournissant les moyens de considérer les phénomènes d'une manière générale et positive tout à la fois. Il est clair aussi que ces diverses sous-divisions, d'après le principe fondamental des classifications, devront être entièrement conçues dans le même esprit que la division principale et n'en présenter qu'un simple développement.

Après avoir examiné le travail de Condorcet, quant à la distribution des époques, il faut l'envisager par rapport à l'esprit qui a présidé à son exécution.

Condorcet n'a pas vu que le premier effet direct d'un travail pour la formation de la politique positive devait être, de toute nécessité, de faire disparaître irrévocablement la philosophie critique du XVIIIe siècle, en tournant toutes les forces des penseurs vers la réorganisation de la société, but pratique d'un tel travail. Il n'a pas senti, par conséquent, que la condition préliminaire la plus indispensable à remplir pour celui qui voulait exécuter cette importante entreprise, était de se dépouiller, autant que possible, des préjugés

critiques introduits dans toutes les têtes par
cette philosophie. Au lieu de cela, il s'est laissé
dominer aveuglément par ces préjugés; il a con-
damné le passé au lieu de l'observer; et, par
suite, son ouvrage n'a été qu'une longue et
fatigante déclamation, dont il ne résulte réellement aucune instruction positive.

L'admiration et l'improbation des phénomènes
doivent être bannies avec une égale sévérité de
toute science positive, parce que chaque préoc-
cupation de ce genre a pour effet direct et inévitable d'empêcher ou d'altérer l'examen. Les
astronomes, les physiciens, les chimistes et les
physiologistes n'admirent ni ne blâment leurs
phénomènes respectifs; ils les observent, quoique ces phénomènes puissent donner une ample
matière aux considérations de l'un et de l'autre
genre, comme il y en a eu beaucoup d'exemples.
Les savants laissent, avec raison, de tels effets
aux artistes dans le domaine desquels ils tom-
bent réellement.

Il en doit être, sous ce rapport, dans la politique comme dans les autres sciences. Seulement, cette réserve y est beaucoup plus nécessaire, précisément parce qu'elle y est plus
difficile, et qu'elle altère l'examen plus profon-

dément, attendu que, dans cette science, les
phénomènes touchent aux passions de bien plus
près que dans toute autre chose. Ainsi, sous ce
seul rapport, l'esprit critique auquel Condorcet
s'est laissé entraîner, est directement contraire
à celui qui doit régner dans la politique scientifique, quand même tous les reproches qu'il
adresse au passé seraient exactement fondés ;
mais il y a plus.

Sans doute, suivant une remarque déjà faite
dans ce chapitre, les combinaisons pratiques
des hommes d'État n'ont pas toujours été conçues de la manière convenable, et souvent même
elles ont été dirigées en sens contraire de la
civilisation. Si l'on précise cette remarque, on
voit qu'elle se borne, pour tous les cas, à ce que
les hommes d'État ont cherché à prolonger au
delà de leur terme naturel des doctrines et des
institutions qui n'étaient plus en harmonie avec
l'état de la civilisation ; et, certes, une telle
erreur paraîtra fort excusable, en considérant
que jusqu'ici il n'y a eu aucun moyen positif
de la reconnaître. Mais transporter à des systèmes entiers d'institutions et d'idées ce qui
n'est relatif qu'à des faits secondaires ; montrer,
par exemple, comme n'ayant jamais été qu'un

obstacle à la civilisation, le système féodal et théologique, dont l'établissement a été, au contraire, l'un des plus grands progrès provisoires de la société, et sous l'heureuse influence duquel elle a fait tant de conquêtes définitives ; représenter, pendant une longue suite de siècles, les classes placées à la tête du mouvement général comme occupées à suivre une conspiration permanente contre l'espèce humaine ; un tel esprit, aussi absurde dans son principe que révoltant dans ses conséquences, est un résultat insensé de la philosophie du siècle dernier, à l'empire de laquelle il est déplorable qu'un homme tel que Condorcet n'ait pu se soustraire.

Cette absurdité, née de l'impuissance d'apercevoir dans toutes ses parties principales l'enchaînement naturel des progrès de la civilisation, en rend évidemment l'explication impossible. Aussi, ce travail de Condorcet présente-t-il une contradiction générale et continue.

D'un côté, il proclame hautement que l'état de la civilisation au xviiie siècle est infiniment supérieur, sous une foule de rapports, à ce qu'elle était à l'origine. Mais ce progrès total ne saurait être que la somme des progrès partiels faits par la civilisation dans tous les états inter-

médiaires précédents. Or, d'un autre côté, en
examinant successivement ces divers états, Condorcet les présente, presque toujours, comme
ayant été, sous les points de vue les plus essentiels, des temps de rétrogradation ; il y a donc
miracle perpétuel, et la marche progressive de
la civilisation devient un effet sans cause.

Un esprit absolument opposé doit dominer
dans la vraie politique positive.

Les institutions et les doctrines doivent être
regardées comme ayant été, à toutes les époques,
aussi parfaites que le comportait l'état présent
de la civilisation ; ce qui ne saurait être autrement, au bout d'un certain temps, du moins,
puisqu'elles sont nécessairement déterminées par
lui. De plus, dans leur période de pleine vigueur,
elles ont toujours eu le caractère progressif, et,
en aucun cas, elles n'ont eu le caractère rétrograde ; car elles n'auraient pas pu tenir contre
la marche de la civilisation, dont elles emprun-
tent toutes leurs forces. Seulement, dans leurs
époques de décadence, elles ont eu, ordinaire-
ment, le caractère stationnaire, ce qui s'explique
de soi-même, en partie, par la répugnance à la
destruction, aussi naturelle aux systèmes politiques qu'aux individus, et, en partie, par l'état

11

d'enfance dans lequel la politique a été jusqu'ici.

Il faut considérer de la même manière les
passions développées aux diverses époques par
les classes dirigeantes. Dans les temps de leur
virilité, les forces sociales prépondérantes sont
nécessairement généreuses, car elles n'ont plus
à acquérir et elles ne craignent pas encore de
perdre. C'est uniquement lorsque leur décadence
se manifeste, qu'elles deviennent égoïstes, parce
que tous leurs efforts ont pour objet de conserver un pouvoir dont les bases sont détruites.

Ces divers aperçus sont évidemment conformes aux lois de la nature humaine, et ils
permettent seuls d'expliquer d'une manière satisfaisante les phénomènes politiques. Ainsi, en
dernière analyse, au lieu de voir dans le passé
un tissu de monstruosités, on doit être porté,
en thèse générale, à regarder la société comme
ayant été, le plus souvent, aussi bien dirigée,
sous tous les rapports, que la nature des choses
le permettait.

Si quelques faits particuliers semblent d'abord
contredire ce fait général, il est toujours plus
philosophique de chercher à rétablir la liaison
que de s'en dispenser en proclamant, d'après le

premier coup d'œil, la réalité de cette opposition ; car ce serait s'écarter entièrement de toute subordination scientifique bien entendue que de faire régir le fait le plus important et le plus souvent vérifié par un fait secondaire et moins fréquent.

Il est, du reste, évident qu'il faut se garder, autant que possible, de toute exagération dans l'emploi de cette idée générale, comme de toute autre.

On trouvera, sans doute, quelque ressemblance entre l'esprit de la politique positive, envisagée sous ce point de vue, et le fameux dogme théologique et métaphysique de l'optimisme. L'analogie est réelle au fond, mais il y a la différence incommensurable d'un fait général observé à une idée hypothétique et purement d'invention. La distance est encore plus sensible dans les conséquences.

Le dogme théologique et métaphysique, en proclamant, d'une manière absolue, que tout est aussi bien qu'il peut l'être jamais, tend à rendre l'espèce humaine stationnaire, en lui ôtant toute perspective d'amélioration réelle. L'idée positive que, pour un temps durable, l'organisation sociale est toujours aussi parfaite que le com-

porte, à chaque époque, l'état de la civilisation,
loin d'arrêter le désir des améliorations, ne
fait, au contraire, que lui imprimer une impulsion pratique plus efficace, en dirigeant vers
leur but véritable, le perfectionnement de la
civilisation, des efforts qui seraient restés sans
effet si on les eût dirigés immédiatement sur
l'organisation sociale. D'ailleurs, comme il n'y a
dans une telle idée rien de mystique ou d'absolu,
elle engage l'homme à rétablir l'harmonie entre
le régime politique et l'état de la civilisation,
dans le cas prévu où cette relation nécessaire
est momentanément dérangée. Seulement, elle
éclaire cette opération en avertissant de ne pas
prendre dans une telle liaison l'effet pour la
cause.

Il est utile d'observer, sur cette analogie, que
ce n'est pas la seule fois que la philosophie positive s'approprie, par une transformation convenable, une idée générale primitivement inventée
par la philosophie théologique et métaphysique.
Les véritables idées générales ne perdent jamais
leur valeur comme moyen de raisonnement,
quelque vicieux que soit leur entourage. La
marche de l'esprit humain est de les approprier
à ses différents états, en transformant leur ca-

ractère. C'est ce qu'on peut vérifier dans toutes les révolutions qui ont fait passer les diverses branches de nos connaissances à l'état positif.

Ainsi, par exemple, la doctrine mystique de l'influence des nombres, née de l'école pythagoricienne, a été réduite par les géomètres à cette idée simple et positive : des phénomènes peu compliqués sont susceptibles d'être ramenés à des lois mathématiques. De même encore, la doctrine des causes finales a été convertie par les physiologistes dans le principe des conditions d'existence. Les deux idées positives diffèrent, sans doute, extrêmement des deux idées théologique et métaphysique, mais celles-ci n'en sont pas moins le germe évident des premières. Une opération philosophique bien dirigée a suffi pour donner le caractère positif à ces deux aperçus hypothétiques, produits du génie dans l'enfance de la raison humaine. Cette transformation d'ailleurs n'a point altéré, et même elle a augmenté leur valeur comme moyen de raisonnement.

Les mêmes réflexions s'appliquent exactement aux deux idées politiques générales, l'une positive, l'autre fictive, comparées ci-dessus.

Avant de quitter l'examen du travail de Condorcet, il convient d'en déduire un troisième point de vue sous lequel peut être présenté l'esprit de la politique positive.

On a beaucoup reproché à Condorcet d'avoir osé terminer son ouvrage par un tableau de l'avenir. Cette conception hardie est, au contraire, la seule vue philosophique d'une haute importance introduite par Condorcet dans l'exécution de son travail, et elle devra être précieusement conservée dans la nouvelle histoire de la civilisation, dont un tel tableau est évidemment la conclusion naturelle.

Ce qu'on pouvait avec raison reprocher à Condorcet, c'était, non d'avoir voulu déterminer l'avenir, mais de l'avoir mal déterminé. Cela a tenu à ce que son étude du passé était absolument vicieuse, d'après les motifs précédemment indiqués. Condorcet ayant mal coordonné le passé, l'avenir n'en résultait pas. Cette insuffisance de l'observation l'a réduit à composer l'avenir essentiellement d'après son imagination ; et, par une suite nécessaire, il l'a mal conçu. Mais cet insuccès, dont la cause est sensible, ne prouve point qu'à l'aide d'un passé bien coordonné on ne puisse, en effet, déterminer avec sûreté l'aspect général de l'avenir social.

Une telle idée ne paraît étrange que parce qu'on n'est pas encore habitué à considérer la politique comme une véritable science ; car, si on l'envisageait ainsi, la détermination de l'avenir par l'observation philosophique du passé semblerait, au contraire, une idée très-naturelle, avec laquelle tous les hommes sont familiarisés pour les autres classes de phénomènes.

Toute science a pour but la prévoyance, car l'usage général des lois établies d'après l'observation des phénomènes est de prévoir leur succession ; en réalité, tous les hommes, quelque peu avancés qu'on les suppose, font de véritables prédictions, toujours fondées sur le même principe, la connaissance de l'avenir par celle du passé. Tous prédisent, par exemple, les effets généraux de la pesanteur terrestre, et une foule d'autres phénomènes assez simples et assez fréquents pour que leur ordre de succession devienne sensible au spectateur le moins capable et le moins attentif. La faculté de prévoyance dans chaque individu a pour mesure sa science. La prévoyance de l'astronome qui prédit, avec une précision parfaite, l'état du système solaire un très-grand nombre d'années à l'avance, est absolument de même nature que celle du sauvage qui prédit le prochain lever du soleil. Il n'y a de différence que dans l'étendue de leurs connaissances.

Il est donc évidemment très-conforme à la nature de l'esprit humain, que l'observation du passé puisse dévoiler l'avenir, en politique, comme elle le fait en astronomie, en physique, en chimie et en physiologie.

Une telle détermination doit même être regardée comme le but direct de la science politique, à l'exemple des autres sciences positives. Il est clair, en effet, que la fixation du système social auquel la marche de la civilisation appelle aujourd'hui l'élite de l'espèce humaine, fixation qui constitue le véritable objet pratique de la politique positive, n'est autre chose qu'une détermination générale du prochain avenir social, tel qu'il résulte du passé.

En résumé, Condorcet a conçu, le premier, la véritable nature du travail général qui doit élever la politique au rang des sciences d'observation, mais il l'a exécuté dans un esprit absolument vicieux, sous les rapports les plus essentiels. Le but a été entièrement manqué, d'abord quant à la théorie, et par suite quant à la pratique. Ainsi ce travail doit être de nouveau conçu

en totalité, d'après des vues vraiment philosophiques, en ne regardant la tentative de Condorcet que comme marquant le but réel de la
politique scientifique.

Afin de compléter l'examen sommaire des
efforts faits jusqu'ici pour élever la politique au
rang des sciences positives, il reste à considérer
deux autres tentatives qui ne sont pas comme
les deux précédentes dans la véritable ligne des
progrès de l'esprit humain en politique, mais
qu'il est néanmoins utile de signaler.

Le besoin de rendre positive la science sociale
est si réel aujourd'hui; cette grande entreprise
est tellement parvenue à sa maturité, que plusieurs esprits supérieurs ont essayé d'atteindre
à ce but en traitant la politique comme une
application d'autres sciences déjà positives, dans
le domaine desquelles ils ont cru pouvoir la
faire rentrer. Comme ces tentatives étaient, par
leur nature, inexécutables, elles ont été beaucoup plus projetées que suivies. Il suffira donc
de les envisager du point de vue le plus général.

La première a consisté dans les efforts faits
pour appliquer à la science sociale l'analyse
mathématique en général, et spécialement celle
de ses branches qui se rapporte au calcul des

probabilités. Cette direction a été ouverte par Condorcet [1] et suivie principalement par lui. D'autres géomètres ont marché sur ses traces et partagé ses espérances, sans ajouter rien de vraiment essentiel à ses travaux, du moins sous le rapport philosophique. Tous se sont accordés à regarder cette manière de procéder comme la seule qui pût imprimer à la politique un caractère positif.

Les considérations exposées dans ce chapitre nous semblent établir suffisamment qu'une telle condition n'est nullement nécessaire pour que la politique devienne une science positive. Mais il y a plus : cette manière d'envisager la science sociale est purement chimérique et par conséquent tout à fait vicieuse, comme il est aisé de le reconnaître.

S'il était ici question de porter un jugement détaillé sur les travaux de ce genre exécutés jusqu'ici, on constaterait bientôt qu'ils n'ont réellement ajouté aucune notion de quelque importance

---

1. Un tel projet, de la part de Condorcet, prouve, conformément à l'examen précédent, qu'il était loin d'avoir conçu, d'une manière nette, l'importance capitale de l'histoire de la civilisation, puisque s'il avait clairement vu dans l'observation philosophique du passé le moyen de rendre positive la science sociale, il ne l'aurait pas cherché ailleurs.

à la masse des idées acquises. On verrait, par exemple, que les efforts des géomètres pour élever le calcul des probabilités au-dessus de ses applications naturelles, n'ont abouti, dans leur partie la plus essentielle et la plus positive, qu'à présenter, relativement à la théorie de la certitude, comme terme d'un long et pénible travail algébrique, quelques propositions presque triviales, dont la justesse est aperçue du premier coup d'œil avec une parfaite évidence par tout homme de bon sens. Mais nous devons nous borner à examiner l'entreprise en elle-même, et dans sa plus grande généralité.

En premier lieu, les considérations par lesquelles plusieurs physiologistes, et surtout Bichat, ont montré, en général, l'impossibilité radicale de faire aucune application réelle et importante de l'analyse mathématique aux phénomènes des corps organisés, s'appliquent d'une manière directe et spéciale aux phénomènes moraux et politiques, qui ne sont qu'un cas particulier des premiers.

Ces considérations sont fondées sur ce que la plus indispensable condition préliminaire pour que des phénomènes soient susceptibles d'être ramenés à des lois mathématiques, c'est que leurs degrés de quantité soient fixes. Or, dans tous les phénomènes physiologiques, chaque effet, partiel ou total, est assujetti à d'immenses variations de quantité, qui se succèdent avec la plus grande rapidité et d'une manière tout à fait irrégulière, sous l'influence d'une foule de causes diverses qui ne comportent aucune estimation précise. Cette extrême variabilité est un des grands caractères des phénomènes propres aux corps organisés ; elle constitue une de leurs différences les plus tranchées avec ceux des corps bruts. Elle interdit évidemment tout espoir de les soumettre jamais à de véritables calculs, tels, par exemple, que ceux des phénomènes astronomiques, les plus propres de tous à servir de type dans les comparaisons de ce genre.

Cela posé, en conçoit aisément que cette variabilité perpétuelle d'effets, tenant à l'excessive complication des causes qui concourent à les produire, doit être la plus grande possible pour les phénomènes moraux et politiques de l'espèce humaine, qui forment la classe la plus compliquée des phénomènes physiologiques. Ils sont, en effet, ceux de tous dont les degrés de quantité présentent les variations les plus étendues, les plus multipliées et les plus irrégulières.

Si l'on pèse convenablement ces considérations, nous croyons qu'on n'hésitera pas à affirmer, sans craindre d'avoir une trop faible idée de la portée de l'esprit humain, que non-seulement, dans l'état présent de nos connaissances, mais dans le plus haut degré de perfectionnement auquel elles soient susceptibles d'atteindre, toute grande application du calcul à la science sociale est et restera nécessairement impossible.

En second lieu, quand on supposerait qu'un tel espoir pût jamais se réaliser, il demeurerait incontestable que, même pour y parvenir, la science politique doit d'abord être étudiée d'une manière directe, c'est-à-dire en s'occupant uniquement de coordonner la série des phénomènes politiques.

En effet, de quelque haute importance que soit l'analyse mathématique, considérée dans ses véritables usages, il ne faut pas perdre de vue qu'elle n'est qu'une science purement instrumentale ou de méthode. Par elle-même, elle n'enseigne rien de réel; elle ne devient une source féconde de découvertes positives qu'en s'appliquant à des phénomènes observés.

Dans la sphère des phénomènes que comporte cette application, elle ne saurait jamais avoir lieu immédiatement; elle suppose toujours, dans la science correspondante, un degré préliminaire de culture et de perfectionnement dont le terme naturel est la connaissance des lois précises dévoilées par l'observation relativement à la quantité des phénomènes. Aussitôt que de telles lois sont découvertes, quelque impartaites qu'elles soient, l'analyse mathématique devient applicable, dès lors, par les puissants moyens de déduction qu'elle présente; elle permet de réduire ces lois à un petit nombre, souvent à une seule, et d'y faire rentrer, de la manière la plus précise, une foule de phénomènes qu'elle ne semblait pas d'abord pouvoir comprendre; en un mot, elle établit dans la science une coordination parfaite, qui ne pourrait être obtenue, au même degré, par aucune autre voie; mais il est évident que toute application de l'analyse mathématique, tentée avant que cette condition préliminaire de la découverte de certaines lois calculables ait été remplie, serait absolument illusoire; bien loin de pouvoir rendre positive aucune branche de nos connaissances, elle n'aboutirait qu'à replonger l'étude de la nature dans le domaine de la métaphysique, en transportant aux abstractions le rôle exclusif des observations.

Ainsi, par exemple, on conçoit que l'analyse mathématique ait été appliquée avec un grand succès à l'astronomie, soit géométrique, soit mécanique, à l'optique, à l'acoustique, et tout récémment à la théorie de la chaleur, quand une fois les progrès de l'observation ont conduit ces diverses parties de la physique à établir entre les phénomènes quelques lois précises de quantité ; tandis que, avant ces découvertes, une telle application n'aurait eu aucune base réelle, aucun point de départ positif; de même, encore, les chimistes qui croient le plus fortement aujourd'hui à la possibilité d'appliquer un jour, d'une manière large et en même temps possible, l'analyse mathématique aux phénomènes chimiques, ne cessent pas pour cela de les étudier directement, bien convaincus qu'une longue série de recherches, d'observations et d'expériences pourra seule dévoiler les lois numériques sur lesquelles cette application doit être fondée pour avoir de la réalité.

La condition indispensable qui vient d'être indiquée est d'autant plus difficile à remplir, elle exige un degré préalable de culture et de perfectionnement d'autant plus grand, dans la science correspondante, que les phénomènes en

sont plus compliqués. C'est ainsi que l'astronomie est devenue, au moins en partie, géométrique, une branche des·mathématiques appliquées avant l'optique, celle-ci avant l'acoustique,
et la théorie de la chaleur en dernier lieu. C'est
ainsi, encore, que la chimie est aujourd'hui fort
loin de cet état, si elle doit y parvenir jamais.

En jugeant, d'après ces principes incontes-
tables, l'application du calcul aux phénomènes
physiologiques sociaux de l'espèce humaine, on
voit d'abord que, même en adoptant la possibilité de cette application, elle ne dispenserait
nullement de l'étude directe des phénomènes,
qu'elle prescrit, au contraire, comme condition
préalable. De plus, si l'on considère attentivement la nature de cette condition, on sentira
qu'elle exige dans la physique des corps organisés en général, et surtout dans la physique
sociale, un degré de perfectionnement qui, lors
même qu'il ne serait pas chimérique, ne pourrait
évidemment être atteint qu'après des siècles
de culture. La découverte de lois précises et
calculables, en physiologie, représenterait un
degré d'avancement très-supérieur à celui qu'i-
maginent ceux mêmes des physiologistes qui
conçoivent les espérances les plus étendues des

destinées futures de cette science. En réalité,
d'après les motifs indiqués plus haut, un tel état
de perfection doit être regardé comme absolument chimérique, incompatible avec la nature
des phénomènes, et tout à fait disproportionné
à la portée véritable de l'esprit humain.

Les mêmes raisons s'appliquent évidemment,
et avec plus de force encore, à la science politique, vu le degré plus grand de complication de
ses phénomènes. Imaginer qu'il serait possible
un jour de découvrir quelques lois de quantité
entre les phénomènes de cette science, ce serait
la supposer perfectionnée à un degré tel que,
même avant d'être parvenue à ce point, tout ce
qu'elle a de vraiment intéressant à trouver serait
complétement obtenu dans une proportion qui
surpasse de beaucoup tous les désirs qu'on peut
raisonnablement former ; ainsi, l'analyse mathématique ne deviendrait applicable qu'à l'époque
ou son application ne pourrait plus avoir aucune
importance réelle.

Il résulte des considérations précédentes que,
d'un côté, la nature des phénomènes politiques
interdit absolument tout espoir de leur appliquer
jamais l'analyse mathématique ; et, d'un autre
côté, que cette application, à la supposer pos-

sible, ne pourrait nullement servir à élever la politique au rang des sciences positives, parce qu'elle exigerait, pour être praticable, que la science fût faite.

Les géomètres n'ont pas fait assez d'attention jusqu'à présent à la grande division fondamentale de nos connaissances positives, en étude des corps bruts et étude des corps organisés. Cette division, que l'esprit humain doit aux physiologistes, est aujourd'hui établie sur des bases inébranlables, et se confirme de plus en plus à mesure qu'elle est méditée davantage. Elle limite d'une manière précise et irrévocable les véritables applications des mathématiques, dans leur plus grande extension possible. On peut établir, en principe, que jamais l'analyse mathématique ne saurait étendre son domaine au delà de la physique des corps bruts, dont les phénomènes sont les seuls qui offrent le degré de simplicité, et, par suite, de fixité nécessaire pour pouvoir être ramené à des lois numériques.

Si l'on considère combien, même dans les applications les plus simples de l'analyse mathématique, sa marche devient embarrassée lorsqu'elle veut raprocher suffisamment l'état abstrait de l'état concret, combien cet embarras augmente

à mesure que les phénomènes se compliquent,
on sentira que la sphère de ses attributions
réelles est bien plutôt exagérée que rétrécie par
le principe précédent.

Le projet de traiter la science sociale comme
une application des mathématiques, afin de la
rendre positive, a pris sa source dans le préjugé
métaphysique, que : hors des mathématiques, il
ne peut exister de véritable certitude. Ce préjugé
était naturel à l'époque où tout ce qui était positif se trouvait être du domaine des mathématiques appliquées, et où, par conséquent, tout ce
qu'elles n'embrassaient pas était vague et conjectural. Mais, depuis la formation de deux
grandes sciences positives, la chimie et la physiologie surtout, dans lesquelles l'analyse mathématique ne joue aucun rôle, et qui n'en sont
pas moins reconnues aussi certaines que les
autres, un tel préjugé serait absolument inex-
cusable.

Ce n'est point comme étant des applications
de l'analyse mathématique que l'astronomie,
l'optique, etc., sont des sciences positives et
certaines. Ce caractère leur vient d'elles-mêmes ;
il résulte de ce qu'elles sont fondées sur des faits
observés, et il ne pouvait résulter que de là, car

l'analyse mathématique, isolée de l'observation
de la nature, n'a qu'un caractère métaphysique.
Seulement, il est certain que dans les sciences
auxquelles les mathématiques ne sont pas applicables, on doit beaucoup moins perdre de vue la
stricte observation directe ; les déductions ne
peuvent point être aussi prolongées avec sûreté.
parce que les moyens de raisonnement sont bien
moins parfaits. A cela près, la certitude est aussi
complète, en se renfermant dans les limites
convenables. On obtient, sans doute, une moins
bonne coordination, mais elle est suffisante pour
les besoins réels des applications de la science.

La recherche chimérique d'une perfection impossible n'aurait d'autre résultat que de retarder
nécessairement les progrès de l'esprit humain,
en consumant en pure perte de grandes forces
intellectuelles, et en détournant les efforts des
savants de leur véritable direction d'efficacité
positive. Tel est le jugement définitif que nous
croyons pouvoir porter des essais faits ou à
faire pour appliquer l'analyse mathématique à
la physiologie sociale.

Une seconde tentative infiniment moins vicieuse, dans sa nature, que la précédente, mais
pareillement inexécutable, est celle qui a eu

ppour objet de rendre positive la science sociale, een la ramenant à être essentiellement une simple cconséquence directe de la physiologie. Cabanis eest l'auteur de cette conception, et c'est surtout ppar lui qu'elle a été suivie. Elle constitue le vérritable but philosophique de son célèbre ouvrage ssur le *Rapport du physique et du moral de ll'homme*, aux yeux de quiconque a considéré la dloctrine générale exposée dans cet ouvrage ccomme organique et non comme purement critiique.

Les considérations présentées dans ce chapitre sur l'esprit de la politique positive, prouvent pour cet essai, comme pour le précédent, qu'il était nécessairement mal conçu. Mais il s'agit actuellement d'en indiquer le vice avec précision.

Il consiste en ce qu'une telle manière de procéder annule l'observation directe du passé social, qui doit servir de base fondamentale à la politique positive.

La supériorité de l'homme sur les autres animaux ne pouvant avoir et n'ayant, en effet, d'autre cause que la perfection relative de son organisation, tout ce qu'a fait l'espèce humaine et tout ce qu'elle peut faire doit, évidemment,

être regardé, en dernière analyse, comme une
conséquence nécessaire de son organisation,
modifiée dans ses effets par l'état extérieur. En
ce sens, la physique sociale, c'est-à-dire l'étude
du développement collectif de l'espèce humaine,
est réellement une branche de la physiologie,
c'est-à-dire de l'étude de l'homme conçue dans
toute son extension. En d'autres termes, l'histoire de la civilisation n'est autre chose que la
suite et le complément indispensable de l'histoire naturelle de l'homme.

Mais, autant il importe de bien concevoir et
de ne jamais perdre de vue cette incontestable
filiation, autant il serait mal entendu d'en conclure qu'il ne faut pas établir de division tran-
chée entre la physique sociale et la physiologie
proprement dite.

Quand les physiologistes étudient l'histoire
naturelle d'une espèce animale douée de socia-
bilité, celle des castors, par exemple, ils y comprennent, avec raison, l'histoire de l'action collective exercée par la communauté. Ils ne jugent
pas nécessaire d'établir une ligne de démarca-
tion entre l'étude des phénomènes sociaux de
l'espèce et celle des phénomènes relatifs à l'individu isolé. Un tel défaut de précision n'a dans

ce cas aucun inconvénient réel, quoique les deux ordres de phénomènes soient distincts. Car, la civilisation des espèces sociables les plus intelligentes se trouvant arrêtée presque à son origine, principalement par l'imperfection de leur organisation, et secondairement par la prépondérance de l'espèce humaine, l'esprit n'éprouve aucune peine, dans un enchaînement aussi peu prolongé, à rattacher directement tous les phénomènes collectifs aux phénomènes individuels. Ainsi, le motif général qui fait établir les divisions afin de faciliter l'étude, savoir, l'impossibilité pour l'intelligence humaine de suivre une chaîne de déduction trop étendue, n'existe point alors.

Qu'on suppose, au contraire, l'espèce des castors devenue plus intelligente, que sa civilisation puisse se développer librement, de telle sorte qu'il y ait enchaînement continu de progrès d'une génération à l'autre, on sentira bientôt la nécessité de traiter séparément l'histoire des phénomènes sociaux de l'espèce. On pourra bien encore, pour les premières générations rattacher cette étude à celle des phénomènes de l'individu, mais, à mesure qu'on s'éloignera de l'origine, cette déduction deviendra plus difficile

à établir et enfin il y aura impossibilité totale de
la suivre. C'est précisément ce qui existe au plus
haut degré par rapport à l'homme.

Sans doute, les phénomènes collectifs de l'espèce humaine reconnaissent pour dernière cause,
comme ses phénomènes individuels, la nature
spéciale de son organisation. Mais l'état de la
civilisation humaine à chaque génération ne dépend immédiatement que de celui de la génération précédente et ne produit immédiatement
que celui de la génération suivante. Il est possible de suivre, avec toute la précision suffisante,
cet enchaînement, à partir de l'origine, en ne
liant d'une manière directe chaque terme qu'au
précédent et au suivant. Il serait, au contraire,
absolument au-dessus des forces de notre esprit,
de rattacher un terme quelconque de la série au
point de départ primitif, en supprimant toutes
les relations intermédiaires.

La témérité d'une telle entreprise, dans l'étude
de l'espèce, pourrait être assimilée, dans l'étude
de l'individu, à celle d'un physiologiste qui, considérant que les divers phénomènes des âges
successifs sont uniquement la conséquence et
le développement nécessaire de l'organisation primitive, s'efforcerait de déduire l'histoire d'une

époque quelconque de la vie de l'état de l'individu à sa naissance, déterminé avec une
grande précision, et se croirait ainsi dispensé
d'examiner directement les divers âges pour
connaître avec exactitude le développement total.
L'erreur est même beaucoup plus grande, par
rapport à l'espèce, qu'elle ne le serait quant à
l'individu ; attendu que, dans le premier cas, les
termes successifs à coordonner sont à la fois
bien plus compliqués et bien plus nombreux que
dans le second.

En s'obstinant à suivre cette marche impraticable, outre qu'on ne pourrait nullement étudier, d'une manière satisfaisante, l'histoire de
la civilisation, on serait inévitablement conduit
à tomber dans des erreurs capitales. Car, dans
l'impossibilité absolue de rattacher directement
les divers états de civilisation au point de départ
primitif et général établi par la nature spéciale
de l'homme, on serait bientôt entraîné à faire
dépendre immédiatement de circonstances organiques secondaires ce qui est une conséquence
éloignée des lois fondamentales de l'organisation.

C'est ainsi, par exemple, que plusieurs physiologistes recommandables ont été amenés à
supposer aux caractères nationaux une impor-

tance évidemment exagérée dans l'explication
des phénomènes politiques. Ils leur ont attribué
des différences de peuple à peuple qui ne tien-
nent, dans presque tous les cas, qu'à des époques
de civilisation inégales. Il en est résulté le fâcheux
effet de regarder comme invariable ce qui n'est
certainement que momentané. De telles déviations, dont il serait aisé de multiplier les exemples, et qui dérivent toutes du même vice primitif dans la manière de procéder, confirment
clairement la nécessité de séparer l'étude des
phénomènes sociaux de celle des phénomènes
physiologiques ordinaires.

Les géomètres qui se sont élevés à des idées
philosophiques, conçoivent, en thèse générale,
tous les phénomènes de l'univers, tant ceux des
corps organisés que ceux des corps bruts,
comme tenant à un petit nombre de lois communes, immuables. Les physiologistes observent
à cet égard, avec juste raison, que quand même
toutes ces lois seraient un jour parfaitement connues, l'impossibilité de déduire d'une manière
continue obligerait à conserver entre l'étude des
corps vivants et celle des corps inertes la même
division qui est aujourd'hui fondée sur la diver-
sité des lois. Un motif exactement semblable

s'applique directement à la division entre la physique sociale et la physiologie proprement dite,
c'est-à-dire entre la physiologie de l'espèce et
celle de l'individu. La distance est, sans doute,
beaucoup moins grande, puisqu'il ne s'agit que
d'une division secondaire, tandis que l'autre est
principale; mais il y a pareillement impossibilité
de déduire, quoique ce ne soit pas au même
degré.

L'insuffisance totale de cette manière de procéder se vérifie aisément, si, au lieu de la considérer seulement par rapport à la théorie de la
politique positive, on l'envisage relativement au
but pratique actuel de cette science, savoir, la
détermination du système suivant lequel la société doit être organisée aujourd'hui.

On peut, sans doute, établir d'après les lois
physiologiques quel est, en général, l'état de
civilisation le plus conforme à la nature de l'espèce humaine. Mais d'après ce qui précède, il
il est clair qu'on ne saurait aller plus loin par
ce moyen. Or, une telle notion, isolée, est de pure
spéculation et ne peut aboutir, dans la pratique,
à aucun résultat réel et positif, car elle ne met
nullement à portée de connaître d'une manière
positive à quelle distance l'espèce humaine se

trouve actuellement de cet état, ni la marche
qu'elle doit suivre pour y parvenir, ni enfin le
plan général de l'organisation sociale correspondante. Ces déterminations indispensables ne
peuvent évidemment résulter que d'une étude
directe de l'histoire de la civilisation.

Si, malgré cela, on veut s'efforcer de donner
une existence pratique à cet aperçu spéculatif
et nécessairement incomplet, on ne saurait éviter de tomber aussitôt dans l'absolu. Car, on
fait consister alors toute l'application réelle de
la science sociale dans la formation d'un type
invariable de perfection vague, sans aucune distinction d'époque, à la manière de la politique
conjecturale. Les conditions d'après lesquelles
l'excellence de ce type se trouve fixée, sont certainement d'un ordre beaucoup plus positif que
celles qui servent de guides à la politique théologique et métaphysique. Cette modification ne
change pas le caractère absolu qui est inhérent
à une telle question. Dans quelque sens qu'on la
suppose traitée, la politique ne saurait jamais
devenir vraiment positive par cette manière de
procéder.

Ainsi, soit sous le point de vue théorique, soit
sous le point de vue pratique, il est également

vicieux de concevoir la science sociale comme une simple conséquence de la physiologie.

Le véritable rapport direct entre la connaissance de l'organisation humaine et la science politique, telle que ce chapitre l'a caractérisée, consiste en ce que la première doit fournir à la seconde son point de départ.

C'est à la physiologie qu'il appartient exclusivement d'établir d'une manière positive les causes qui rendent l'espèce humaine susceptible d'une civilisa'ion constamment progressive, tant que l'état de la planète qu'elle habite n'y met point un obstacle insurmontable ; elle seule peut tracer le véritable caractère et la marche générale, nécessaire, de cette civilisation. Elle seule enfin permet d'éclaircir la formation des premières agrégations d'hommes, et de conduire l'histoire de l'enfance de notre espèce jusqu'à l'époque où elle est parvenue à donner l'essor à sa civilisation par la création d'un langage.

C'est à ce terme que s'arrête naturellement le rôle des considérations physiologiques directes dans la physique sociale, qui doit alors se fonder uniquement sur l'observation immédiate des progrès de l'espèce humaine. Plus avant, la difficulté de déduire deviendrait aussitôt trop

grande, parce que, à partir de cette époque, la
marche de la civilisation acquiert tout à coup
beaucoup plus de rapidité, de façon que les
termes à coordonner se multiplient brusquement.
D'un autre côté, les fonctions que la physiologie
doit remplir dans l'étude du passé social ne seraient plus nécessaires alors ; elle n'aurait plus
pour but d'utilité de suppléer au défaut d'observations directes. Car, à dater de l'établissement
d'une langue, il existe des données immédiates
sur le développement de la civilisation, en sorte
qu'il n'y a point de lacune dans l'ensemble des
considérations positives.

Il faut ajouter à ce qui précède, pour avoir un
aperçu complet du rôle véritable de la physiologie dans la physique sociale, que, comme l'a
très bien senti Condorcet, le développement de
l'espèce n'étant que la somme des développements individuels combinés, qui s'enchainent
d'une génération à l'autre, il doit nécessairement
présenter des traits de conformité généraux
avec l'histoire naturelle de l'individu. Par cette
analogie, l'étude de l'homme isolé fournit encore
certains moyens de vérification et de raisonnement pour celle de l'espèce, distincts de ceux
qui viennent d'être indiqués et qui, quoique

moins importants, ont l'avantage de s'étendre à toutes les époques.

En résumé, quoique la physiologie de l'espèce et celle de l'individu soient deux sciences absolument du même ordre, ou plutôt, deux portions distinctes d'une science unique, il n'en est pas moins indispensable de les concevoir et de les traiter séparément ; il faut que la première prenne sa base et son point de départ dans la seconde, pour être vraiment positive ; mais elle doit ensuite être étudiée d'une manière isolée, en s'appuyant sur l'observation directe des phénomènes sociaux.

Il était naturel qu'on cherchât à faire rentrer entièrement la physique sociale dans le domaine de la physiologie, quand on ne voyait pas d'autre moyen de lui imprimer le caractère positif. Mais cette erreur n'aurait plus d'excuse, aujourd'hui qu'il est facile de se convaincre de la possibilité de rendre positive la science politique en la fondant sur l'observation immédiate du passé social.

En second lieu, au moment où l'étude des fonctions intellectuelles et affectives est sortie du domaine de la métaphysique pour entrer dans celui de la physiologie, il était très-diffi-

cile d'éviter toute exagération dans la fixation
de la véritable sphère physiologique, et de n'y
pas comprendre aussi l'examen des phénomènes
sociaux. L'époque des conquêtes ne peut pas
être celle des limites précises. Aussi Cabanis,
qui a été un des principaux coopérateurs d'une
grande révolution, est-il particulièrement excusable de s'être fait illusion à cet égard. Mais
aujourd'hui qu'une sévère analyse peut et doit
succéder à l'entraînement de la première impression, aucune cause ne peut plus empêcher
de méconnaître la nécessité d'une division, indispensablement exigée par la faiblesse de l'esprit humain.

Nul motif réel ne peut plus porter à isoler,
dans l'étude de l'individu, les phénomènes spécialement appelés moraux, des autres phénomènes; la révolution qui les a tous liés entre
eux doit être regardée comme le pas le plus
essentiel que la physiologie ait fait jusqu'ici
sous le rapport philosophique.

Au contraire, des considérations du premier
ordre. d'importance démontrent l'absolue nécessité de séparer l'étude des phénomènes collectifs de l'espèce humaine de celle des phénomènes individuels, en établissant, du reste,

entre ces deux grandes sections de la physiologie totale, leur relation naturelle. S'efforcer
de faire disparaître cette indispensable division,
ce serait tomber dans une erreur analogue,
quoique inférieure, à celle si justement com-
battue par les vrais physiologistes, qui présente l'étude des corps vivants comme une conséquence et un appendice de celle des corps
inertes.

Telles sont les quatre tentatives principales
faites jusqu'à présent dans le but d'élever la
politique au rang des sciences d'observation, et
dont l'ensemble constate, de la manière la plus
décisive, la nécessité et la maturité de cette
grande entreprise. L'examen spécial de chacune
d'elles confirme, sous un point de vue distinct,
les principes antérieurement exposés dans ce
chapitre, sur le véritable moyen de donner à la
politique un caractère positif, et, par suite,
d'arrêter avec sûreté la conception générale du
nouveau système social, qui peut seul terminer
la crise actuelle de l'Europe civilisée.

On peut donc regarder comme établi *à priori*
et *à posteriori* sur des démonstrations réelles,
que, pour atteindre ce but capital, il faut regarder la science politique comme une physique

particulière, fondée sur l'observation directe des phénomènes relatifs au développement collectif de l'espèce humaine, ayant pour objet la coordination du passé social, et pour résultat la détermination du système que la marche de la civilisation tend à produire aujourd'hui.

Cette physique sociale est, évidemment, aussi positive qu'aucune autre science d'observation. Sa certitude intrinsèque est tout aussi réelle (1). Les lois qu'elle découvre, satisfaisant à l'ensemble des phénomènes observés, leur application mérite une entière confiance.

Comme toutes les autres, cette science possède en outre des moyens généraux de vérification, même indépendamment de sa relation nécessaire avec la physiologie. Ces moyens sont fondés sur ce que, dans l'état présent de l'espèce humaine, considérée en totalité, tous les degrés de civilisation co-existent sur les différents points du globe, depuis celui des sauvages

1. Il est sans doute superflu de s'arrêter à réfuter les objections infiniment exagérées présentées par plusieurs auteurs, et surtout par Volney, contre la certitude des faits historiques. Quand même on accorderait à ces objections toute la latitude que ces écrivains leur ont donnée, elles ne porteraient en aucune manière sur les faits d'un certain degré d'importance et de généralité qui sont les seuls à considérer dans l'étude de la civilisation.

dle la Nouvelle-Zélande, jusqu'à celui des Français et des Anglais. Ainsi, l'enchaînement établi dl'après la succession des temps, peut être vérifié par la comparaison des lieux.

Au premier abord, cette nouvelle science siemble réduite à la simple observation, et totalement privée du secours des expériences, ce qui ne l'empêcherait pas d'être positive ; témoin l'astronomie. Mais, en physiologie, indépendamment des expériences sur les animaux, les cas pathologiques sont réellement un équivalent d'expériences directes sur l'homme, parce qu'ils altèrent l'ordre habituel des phénomènes. De même, et par un motif semblable, les époques multipliées où les combinaisons politiques ont tendu, plus ou moins, à arrêter le développement de la civilisation, doivent être regardées comme fournissant à la physique sociale de véritables expériences, encore plus propres que l'observation pure, à dévoiler ou à confirmer les lois naturelles qui président à la marche collective de l'espèce humaine.

Si, comme nous osons l'espérer, les considérations présentées dans ce chapitre font sentir aux savants l'importance et la possibilité d'établir une politique positive dans l'esprit que nous

avons indiqué, nous présenterons alors avec plus,
de détails notre opinion sur la manière d'exécu--
ter cette première série de travaux, mais nous;
croyons utile de rappeler, en terminant, la nécessité de la diviser, avant tout, en deux ordres,,
l'un, de travaux généraux, l'autre, de travaux,
particuliers.

Le premier ordre doit avoir pour objet d'établir
la marche générale de l'espèce humaine, abstraction faite de toutes les causes quelconques
qui peuvent modifier la vitesse de sa civilisation ;
et, par suite, de toutes les diversités observées
de peuple à peuple, quelque grandes qu'elles
puissent être ; dans le second ordre, on se pro-
posera d'estimer l'influence de ces causes mo-
dificatrices ; et, par suite, de former le tableau
définitif, dans lequel chaque peuple occupera la
place spéciale correspondante à son développement propre.

L'une et l'autre classe des travaux, et surtout
la dernière, sont d'ailleurs susceptibles, dans
leur exécution, de plusieurs degrés de généralité,
dont la nécessité se fera vraisemblablement sentir aux savants.

L'obligation de traiter le premier ordre de travaux avant le second, est fondée sur ce principe

évident, applicable à la physiologie de l'espèce
comme à celle de l'individu, que les idiosyncra-
sies ne doivent être étudiées qu'après l'établissement des lois générales. Il faudrait renoncer
absolument à obtenir aucune notion nette, si cette
règle était violée.

Quant à la possibilité de procéder ainsi, elle
résulte de ce qu'il y a, aujourd'hui, un assez
grand nombre de points particuliers bien éclair-
cis, pour qu'on puisse s'occuper directement
d'une coordination générale. Les physiologistes
n'ont pas attendu, pour se former une idée de
l'ensemble de l'organisation, que toutes les fonctions spéciales fussent connues; il doit en être de
même dans la physique sociale.

En précisant davantage les considérations
précédentes, on voit qu'elles tendent à établir
que, dans la formation de la science politique, il
faut procéder du général au particulier. Or, si
l'on examine ce précepte d'une manière directe,
il est aisé d'en reconnaître la justesse.

La marche que suit l'esprit humain dans la
recherche des lois qui régissent les phénomènes
naturels, présente, sous le rapport qui nous occupe, une importante différence, suivant qu'il

étudie la physique des corps bruts ou celle des corps organisés.

Dans la première, l'homme se trouvant former une partie imperceptible d'une suite immense de phénomènes, dont il ne peut espérer, sans une folle présomption, d'apercevoir jamais l'ensemble, il est obligé, aussitôt qu'il commence à les étudier dans un esprit positif, de considérer d'abord les faits les plus particuliers, pour s'élever ensuite graduellement à la découverte de quelques lois générales, qui deviennent, plus tard, le point de départ de ses recherches. Au contraire, dans la physique des corps organisés, l'homme étant le type le plus complet de l'ensemble des phénomènes, ses découvertes positives commencent nécessairement par les faits les plus généraux, qui lui prêtent ensuite une lumière indispensable pour éclaircir l'étude d'un genre de détails dont, par leur nature, la connaissance précise lui est à jamais interdite. En un mot, dans les deux cas, l'esprit humain procède du connu à l'inconnu; mais, dans le premier, il s'élève d'abord du particulier au général, parce que la connaissance des détails est plus immédiate pour lui que celle des masses; tandis que, dans le second, il commence par descendre du général au particulier, parce qu'il connaît plus directement l'ensemble que les parties. Le perfectionnement de chacune des deux sciences consiste essentiellement, sous le rapport philosophique, à lui permettre d'adopter la méthode de l'autre, sans que celle-ci lui devienne cependant jamais aussi propre que sa méthode primitive.

Après avoir considéré cette loi du point de vue le plus élevé de la philosophie positive, on peut la vérifier facilement en observant la marche qu'a suivie jusqu'à ce jour le développement des sciences naturelles, d'après le moment où chacune d'elle a cessé définitivement d'avoir le caractère théologique ou métaphysique (1).

En effet, dans l'étude des corps bruts, en l'examinant d'abord quant à ses divisions principales, on voit l'astronomie, la physique et la chimie, commencer par être absolument isolées les unes des autres, et se rapprocher ensuite sous des rapports de plus en plus multipliés, tellement enfin qu'on peut aujourd'hui apercevoir en elles

---

1. Il est essentiel de faire attention à cette restriction, car nous ne croyons pas que cette loi soit exactement applicable à l'époque théologique ou métaphysique destinée à préparer pour chaque science l'époque positive.

une tendance manifeste à ne former qu'un seul corps de doctrine. De même, en considérant à part chacune d'elles, on la voit naître de l'étude des faits, d'abord incohérents, et arriver par degrés aux généralités actuellement connues. C'est seulement dans l'astronomie, et dans quelques sections de la physique terrestre, que l'esprit humain a pu parvenir jusqu'ici à suivre, sous des rapports fondamentaux, la marche opposée. On peut même dire, que, en astronomie, la marche primitive n'a été changée par la loi de gravitation universelle, que sous un rapport réellement secondaire, quant à l'ensemble des phénomènes, quoique principal relativement à nous. Car cette loi n'embrasse point encore et probablement même n'embrassera jamais, dans ses applications, les faits astronomiques les plus généraux, qui consistent dans les relations des différents systèmes solaires, dont nous n'avons jusqu'ici aucune connaissance. Cette remarque, portant sur la branche la plus parfaite de la physique inorganique, offre une vérification saillante du principe que nous considérons.

Si l'on examine maintenant la partie de ce principe qui se rapporte à l'étude des corps vivants, la confirmation en est aussi sensible. En premier lieu, l'enchaînement général des fonctions dont se compose une organisation, est certainement mieux connu aujourd'hui que l'action partielle de chaque organe ; et de même, sous un point de vue plus étendu, l'étude des relations générales qui existent entre les diverses organisations, soit animales, soit végétales, est sans doute plus avancée que celle de chaque organisation particulière. En second lieu, les principales branches dont se compose aujourd'hui la physique organique, ont été d'abord confondues, et ce n'est qu'en vertu des progrès de la physiologie positive qu'on est parvenu à analyser avec précision les différents points de vue généraux sous lesquels un corps vivant peut être envisagé, de manière à fonder sur ces distinctions une division rationelle de la science. Cela est même tellement exact, que vu le peu de temps depuis lequel la physique des corps organiques est devenue vraiment positive, la distribution de ses parties principales n'est pas encore arrêtée d'une manière parfaitement nette. Le fait est plus sensible encore en passant de la science aux savants ; car ceux-ci sont évidemment bien moins spéciaux dans leur ordre de travaux, que les savants livrés à l'étude des corps bruts.

On peut donc regarder comme établi par l'observation et par le raisonnement, que l'esprit
humain procède principalement du particulier
au général, dans la physique inorganique, et au
contraire, du général au particulier dans la physique organique; que du moins, c'est incontestablement suivant cette marche que s'effectuent
pendant longtemps les progrès de la science,
depuis le moment où elle prend le caractère positif.

Si la seconde partie de cette loi a été méconnue jusqu'à présent, si l'on a cru que, dans un
ordre quelconque de recherches, l'esprit humain
procédait toujours nécessairement du particulier
au général, cette erreur s'explique d'une manière
très-naturelle en considérant que la physique des
corps bruts ayant dû se développer la première,
c'est sur l'observation de la marche qui lui est
propre qu'ont dû être primitivement fondés les
préceptes de la philosophie positive. Mais la
prolongation d'une telle erreur cesserait d'être
excusable, aujourd'hui que l'observation philosophique peut porter sur les deux ordres des
sciences naturelles.

En appliquant à la physique sociale, qui n'est
qu'une branche de la physiologie, le principe que

nous venons d'établir, il démontre évidemment
la nécessité de commencer dans l'étude du développement de l'espèce humaine, par la coordination des faits les plus généraux, pour descendre ensuite graduellement à un enchaînement de
plus en plus précis. Mais afin de ne laisser aucune incertitude sur ce point essentiel, il convient de vérifier le principe d'une manière directe
dans ce cas particulier.

Tous les ouvrages historiques écrits jusqu'à
ce jour, même les plus recommandables, n'ont
eu essentiellement, et n'ont dû avoir de toute
nécessité que le caractère d'*annales*, c'est-à-dire
de description et de disposition chronologique d'une certaine suite de faits particuliers,
plus ou moins importants et plus ou moins
exacts, mais toujours isolés entre eux. Sans
doute, les considérations relatives à la coordination et à la filiation des phénomènes politiques
n'y ont pas été entièrement négligés, surtout
depuis un demi-siècle, mais il est clair que ce
mélange n'a point encore refondu le caractère de
ce genre de composition, qui n'a pas cessé d'être
littéraire (1); il n'existe point jusqu'ici de véri-

1. Il ne s'agit ici que d'établir un fait et non de le juger.
Nous sommes d'ailleurs très-convaincus de l'utilité et même

table *histoire*, conçue dans un esprit scientifique, c'est-à-dire, ayant pour but la recherche
des lois qui président au développement social
de l'espèce humaine, ce qui est précisément
l'objet de la série des travaux que nous considérons dans ce chapitre.

La distinction précédente suffit pour expliquer pourquoi on a cru presque universellement
jusqu'ici qu'il fallait procéder, en histoire, du
particulier au général, et pourquoi, au contraire,
on doit aujourd'hui procéder du général au particulier, sous peine de n'obtenir aucun résultat.

Car, lorsqu'il s'agit seulement de construire
avec exactitude des *annales* générales de l'espèce humaine, il faut évidemment commencer
par former celles des différents peuples, et celles-
ci ne peuvent être fondées que sur des chroniques
de provinces et de villes, ou même sur de simples biographies. Pareillement, sous un autre
rapport, pour former des annales complètes

de la nécessité absolue de cette classe d'écrits comme travail
préliminaire. On ne nous soupçonnera pas sans doute de
penser qu'il pût y avoir d'histoire sans annales. Mais il est
également certain que des annales ne sont pas plus de l'histoire que des recueils d'observations météorologiques ne
sont de la physique.

de chaque fraction quelconque de population, il est indispensable de réunir une suite de documents séparés relatifs à chacun des points de vue sous lesquels elle doit être considérée. C'est ainsi qu'on doit nécessairement procéder pour parvenir à composer les faits généraux qui sont les matériaux de la science politique, ou plutôt le sujet sur lequel portent ses combinaisons. Mais une marche tout opposée devient indispensable, aussitôt qu'on arrive à la formation directe de la science, c'est-à-dire à l'étude de l'enchaînement des phénomènes.

En effet, par leur nature même, toutes les classes de phénomènes sociaux se développent simultanément, et sous l'influence les unes des autres, de telle sorte qu'il est absolument impossible de s'expliquer la marche suivie par aucune d'elles, sans avoir préalablement conçu d'une manière générale la progression de l'ensemble.

Chacun reconnaît, par exemple, aujourd'hui, que l'action réciproque des divers états européens est trop importante pour que leurs histoires puissent être véritablement séparées. Mais la même impossibilité n'est pas moins sensible relativement aux divers ordres de faits politi-

ques qu'on observe dans une société unique.
Les progrès d'une science ou d'un art ne sont-ils
pas en connexion évidente avec ceux des autres
sciences ou des autres arts? Le perfectionnement de l'étude de la nature, et celui de l'action
sur la nature, ne tiennent-ils pas l'un à l'autre?
Tous deux ne sont-ils pas étroitement liés avec
l'état de l'organisation sociale, et réciproquement? Ainsi, pour connaître avec précision les
lois réelles du développement spécial de la
branche la plus simple du corps social, il faudrait nécessairement obtenir à la fois la même
précision pour toutes les autres, ce qui est d'une
absurdité manifeste.

On doit donc, au contraire, se proposer d'a-
bord de concevoir dans sa plus grande généralité le phénomène du développement de l'espèce
humaine, c'est-à-dire d'observer et d'enchaîner
entre eux les progrès les plus importants qu'elle
a fait successivement dans les principales direc-
tions différentes. On tiendra ensuite à donner,
par degrés, à ce tableau, une précision de plus en
plus grande en sous-divisant toujours davantage
les intervalles d'observation, et les classes de
phénomènes à observer. De même sous le rapport partique, l'aspect de l'avenir social, dé-

terminé d'abord d'une manière générale, en résultat d'une première étude du passé, deviendra de plus en plus détaillé à mesure que la connaissance de la marche antérieure de l'espèce humaine se développera davantage. La dernière perfection de la science, qui vraisemblablement ne sera jamais atteinte d'une manière complète, consisterait, sous le rapport théorique, à faire concevoir avec exactitude depuis l'origine la filiation des progrès d'une génération à l'autre, soit pour l'ensemble du corps social, soit pour chaque science, chaque art et chaque partie de l'organisation politique; et, sous le rapport pratique, à déterminer rigoureusement dans tous ses détails essentiels le système que la marche naturelle de la civilisation doit rendre dominant.

Telle est la méthode strictement dictée par la nature de la physique sociale.

FIN DU TROISIÈME CAHIER

Paris. — Impr. Paul Dupont, 41, rue Jean-Jacques-Rousseau.—855.5.

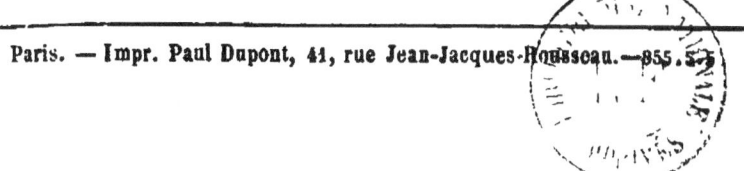

www.ingramcontent.com/pod-product-compliance
Lightning Source LLC
Chambersburg PA
CBHW051243050726
47594CB00001B/287